短歌に親しもう

声に出して楽しもう　俳句・短歌

■監修　小島ゆかり

はじめに

昔、中国の漢詩《かんし》に対《たい》して、日本の詩《し》を和歌《わか》（大和《やまと》の国《くに》の歌）とよびました。長歌《ちょうか》、短歌《たんか》、旋頭歌《せどうか》などの和歌《わか》のうち、短歌《たんか》がとくに人々《ひとびと》に好《この》まれ、時代《じだい》をこえて現代《げんだい》にまでうけつがれることになりました。

短歌《たんか》は、五・七・五・七・七という五句《く》三十一音《おん》のたいへん短《みじか》い詩《し》です。また、千三百年もの長いあいだ、かたちをかえずに愛好《あいこう》されつづけています。短歌《たんか》は、日本の文化《ぶんか》として世界《せかい》に誇《ほこ》れる、すばらしい詩《し》のスタイルなのです。

この本では、千三百年前の『万葉集《まんようしゅう》』の時代《じだい》から現代《げんだい》までの、いろいろな短歌《たんか》を紹介《しょうかい》し、わかりやすく解説《かいせつ》しています。きっと、楽しみながら学ぶことができるでしょう。

一首《しゅ》一首《しゅ》のなかから、それぞれの時代《じだい》に生きていた人々《ひとびと》の声を聞いてみてください。それは、わたしたちとおなじように、うれしかったりさびしかったり、感動《かんどう》したり悩《なや》んだりした、人々《ひとびと》の心の声です。

小島《こじま》ゆかり

もくじ

◆短歌《たんか》を知ろう……4

◆万葉集《まんようしゅう》……6
志貴皇子《しきのみこ》／山部赤人《やまべのあかひと》／柿本人麿《かきのもとのひとまろ》／大伴家持《おおとものやかもち》

◆古今和歌集《こきんわかしゅう》……9
安倍仲麿《あべのなかまろ》／藤原敏行《ふじわらのとしゆき》／光孝天皇《こうこうてんのう》／猿丸大夫《さるまるだゆう》／紀友則《きのとものり》／素性法師《そせいほうし》／紀貫之《きのつらゆき》／春道列樹《はるみちのつらき》／源宗于《みなもとのむねゆき》／坂上是則《さかのうえのこれのり》／菅原道真《すがわらのみちざね》／大江千里《おおえのちさと》

◆後撰和歌集《ごせんわかしゅう》……15
陽成院《ようぜいいん》／文屋朝康《ふんやのあさやす》

◆拾遺和歌集《しゅういわかしゅう》……16
柿本人麿《かきのもとのひとまろ》／藤原忠平《ふじわらのただひら》／平兼盛《たいらのかねもり》

◆後拾遺和歌集《ごしゅういわかしゅう》……18
能因法師《のういんほうし》／源重之《みなもとのしげゆき》／良暹法師《りょうぜんほうし》／大江匡房《おおえのまさふさ》

◆金葉和歌集《きんようわかしゅう》……20
小式部内侍《こしきぶのないし》／源経信《みなもとのつねのぶ》

◆詞花和歌集《しかわかしゅう》……21
藤原忠通《ふじわらのただみち》

◆千載和歌集《せんざいわかしゅう》……22
藤原実定《ふじわらのさねさだ》／藤原定頼《ふじわらのさだより》

◆新古今和歌集《しんこきんわかしゅう》……23
持統天皇《じとうてんのう》／山部赤人《やまべのあかひと》／藤原顕輔《ふじわらのあきすけ》／藤原定家《ふじわらのさだいえ》／寂蓮法師《じゃくれんほうし》

◆新勅撰和歌集《しんちょくせんわかしゅう》……25
藤原家隆《ふじわらのいえたか》

◆江戸時代《えど》……26
良寛《りょうかん》／十返舎一九《じっぺんしゃいっく》／橘曙覧《たちばなあけみ》

◆近《きん》・現代《げんだい》……28
大隈言道《おおくまことみち》／落合直文《おちあいなおぶみ》／伊藤左千夫《いとうさちお》／正岡子規《まさおかしき》／佐佐木信綱《ささきのぶつな》／島木赤彦《しまきあかひこ》／与謝野鉄幹《よさのてっかん》／与謝野晶子《よさのあきこ》／長塚節《ながつかたかし》／斎藤茂吉《さいとうもきち》／前田夕暮《まえだゆうぐれ》／若山牧水《わかやまぼくすい》／北原白秋《きたはらはくしゅう》／石川啄木《いしかわたくぼく》／木下利玄《きのしたりげん》／吉井勇《よしいいさむ》／前川佐美雄《まえかわさみお》／加藤克巳《かとうかつみ》／岩田正《いわたただし》／高嶋健一《たかしまけんいち》／寺山修司《てらやましゅうじ》／小島ゆかり《こじま》／荻原裕幸《おぎはらひろゆき》／俵万智《たわらまち》／東直子《ひがしなおこ》

◆いろは歌《うた》……37

上《かみ》の句《く》さくいん……38

作者《さくしゃ》さくいん……39

和歌集《わかしゅう》とは——……39

この本について

●紹介《しょうかい》してある短歌《たんか》には、意味《いみ》と解説《かいせつ》が書いてあります。

●むずかしい言葉《ことば》は、「ことば」の欄《らん》に、ぬきだして説明《せつめい》しています。

●短歌《たんか》の漢字《かんじ》と歴史的仮名《れきしてきかな》づかいの部分《ぶぶん》には、ふりがなをふってあります。ふりがなは、現代仮名《げんだいかな》づかいで記《しる》してあります。

短歌《たんか》を知ろう

短歌《たんか》は、五《ご》・七《しち》・五《ご》・七《しち》・七《しち》の三十一音《おん》でつくられる定型《ていけい》詩《し》です。最古《さいこ》の歌集《かしゅう》『万葉集《まんようしゅう》』ができてから、千三百年もの長いあいだ、短歌《たんか》はずっとよまれつづけています。

◇五《ご》・七《しち》・五《ご》・七《しち》・七《しち》の三十一音《おん》でつくる

短歌《たんか》をつくるときのきまりは、五《ご》・七《しち》・五《ご》・七《しち》・七《しち》の三十一音《おん》にすることだけです。俳句《はいく》には季語《きご》を入れるというきまりもありますが、短歌《たんか》にはそのようなきまりはありません。

短歌《たんか》の前半の初句《しょく》（五音《おん》）、二句《く》（七音《おん》）、三句《く》（五音《おん》）を「上《かみ》の句《く》」といい、後半の四句《く》（七音《おん》）、結句《けっく》（七音《おん》）を「下《しも》の句《く》」といいます。

短歌《たんか》は、たんに「歌《うた》」とよばれることもあります。また、短歌《たんか》の数は、一首《しゅ》、二首《しゅ》、三首《しゅ》……とかぞえます。

音《おん》のかぞえかた

拗音《ようおん》……「きゃ」「きゅ」「きょ」などの、小さい「ゃ」「ゅ」「ょ」は、その前の一字とあわせて一音《おん》とします。

競走　きょうそう　……四音《おん》

促音《そくおん》……小さい「っ」は一音《おん》でかぞえます。

学校　がっこう　……四音《おん》

長音《ちょうおん》……「ボール」などの、のばす「ー」は一音《おん》でかぞえます。

タクシー　たくしー　……四音《おん》

撥音《はつおん》……「ん」は一音《おん》でかぞえます。

音楽　おんがく　……四音《おん》

短歌《たんか》は「三十一文字《みそひともじ》」などともいわれますが、かぞえるのは文字の数でなく、音《おん》の数です。

	句	歌	よみ	音の数	
上《かみ》の句《く》	初句《しょく》	天の原	あまのはら（1 2 3 4 5）	5音《おん》	+
	二句《にく》	振りさけ見れば	ふりさけみれば（1 2 3 4 5 6 7）	7音《おん》	+
	三句《さんく》	春日なる	かすがなる（1 2 3 4 5）	5音《おん》	+
下《しも》の句《く》	四句《よんく》	三笠の山に	みかさのやまに（1 2 3 4 5 6 7）	7音《おん》	+
	結句《けっく》	出でし月かも	いでしつきかも（1 2 3 4 5 6 7）	7音《おん》	=
				31音《おん》	

安倍仲麿《あべのなかまろ》

◇字余《じあま》り・字足《じた》らず

五・七・五・七・七のリズムの枠《わく》にぴったりおさまらない、「字余《じあま》り」の歌や「字足《じた》らず」の歌も昔《むかし》からよまれています。

字余《じあま》りの短歌《たんか》

君《きみ》がため春《はる》の野《の》に出《い》でて若菜摘《わかなつ》む
我《わ》が衣手《ころもで》に雪《ゆき》は降《ふ》りつつ
光孝天皇《こうこうてんのう》

八音《おん》（一音余《おんあま》り）

字足《じた》らずの短歌《たんか》

さねさし相武《さがむ》の小野《おの》に燃《も》ゆる火《ひ》の
火中《ほなか》に立《た》ちて問《と》ひし君《きみ》はも
弟橘媛《おとたちばなひめ》

四音《おん》（一音足《おんた》らず）

◇和歌《わか》と短歌《たんか》

「短歌《たんか》」というよびかたが確立《かくりつ》したのは明治時代《めいじじだい》からです。それ以前《いぜん》は、「和歌《わか》」や「やまとうた」などともよばれていました。「和歌《わか》」とは、そもそも中国の「漢詩《かんし》」に対《たい》するものとしてつけたよびかたで、長歌《ちょうか》や短歌《たんか》、旋頭歌《せどうか》などを総称《そうしょう》したものでした。いずれも五音《おん》と七音《おん》の組みあわせからなる日本の歌です。長歌《ちょうか》と旋頭歌《せどうか》はしだいによまれなくなったので、「和歌《わか》」といえば「短歌《たんか》」のことをあらわすようになりました。

◇小倉百人一首《おぐらひゃくにんいっしゅ》

今、家庭《かてい》で和歌《わか》の世界《せかい》をいちばん身近《みぢか》に感《かん》じさせてくれるのが『小倉《おぐら》百人一首《ひゃくにんいっしゅ》』です。これは、鎌倉時代《かまくらじだい》の歌人《かじん》、藤原定家《ふじわらのさだいえ》が、百人のすぐれた歌人《かじん》の歌を一首《しゅ》ずつ選《えら》び、おおよそ時代順《じだいじゅん》にならべた歌集《かしゅう》です。江戸《えど》時代《じだい》になって、「百人一首《ひゃくにんいっしゅ》」のかたちが庶民《しょみん》のあいだに大流行《だいりゅうこう》して、それが今にも伝《つた》わっています。

◉声に出して読んでみよう！

五音《おん》と七音《おん》からなる言葉《ことば》のリズムは、日本語を使《つか》う人々《ひとびと》の心に古くからしみこんできたものです。短歌《たんか》の意味《いみ》を知るだけでなく、実際《じっさい》に声に出して読んでみて、言葉《ことば》の美《うつく》しさや心地よいリズムを楽しみましょう。はっきりとした声で、情景《じょうけい》を思いうかべながら、歌のリズムにそって読んでみてください。黙読《もくどく》するときよりも、はるかに強く短歌《たんか》の魅力《みりょく》を感《かん》じることができるはずです。自分のお気に入りの短歌《たんか》を見つけて、おぼえましょう。

石走《いわばし》る垂水《たるみ》の上《うえ》のさわらびの萌《も》え出《い》づる春《はる》になりにけるかも

◎作者《さくしゃ》＝志貴皇子《しきのみこ》

意味

岩の上をいきおいよく水が流《なが》れる滝《たき》のそばのわらびが、芽《め》を出してのびてゆく春になったことだなあ。

解説

渓流《けいりゅう》のほとりに新芽《しんめ》を出したわらび。いきおいよく岩を打《う》つ滝《たき》の水がしぶきとなって、わらびをぬらし、かがやいています。春をむかえたよろこびがいきいきと感《かん》じられます。

ことば

垂水《たるみ》……たれおちる水。滝《たき》のこと。
さわらび……芽《め》を出したばかりのわらび。
萌《も》え出《い》づる……芽《め》が出て、いきいきと元気にのびるようす。

わらび

田子《たご》の浦《うら》ゆうち出《い》でて見《み》れば真白《ましろ》にそ富士《ふじ》の高嶺《たかね》に雪《ゆき》は降《ふ》りける

◎作者《さくしゃ》＝山部赤人《やまべのあかひと》（山辺赤人《やまべのあかひと》）

意味

田子《たご》の浦《うら》から、ひらけたところに出てながめてみると、真《ま》っ白《しろ》な雪が、富士山《ふじさん》の高い峰《みね》にさかんにふっているよ。

ことば

田子《たご》の浦《うら》……静岡県《しずおかけん》の地名。当時は今よりも西に位置《いち》し、富士川西岸《ふじかわせいがん》の蒲原《かんばら》・由比《ゆい》・興津《おきつ》あたりの海岸《かいがん》。

ゆ……～から。

うち出《い》でて……せまい場所《ばしょ》から、ひらけたところに出て。

富士《ふじ》……富士山《ふじさん》。古くから神《かみ》がやどる霊峰《れいほう》としてあがめられていた。

解説

世界遺産《せかいいさん》にも登録《とうろく》され、日本を代表《だいひょう》する霊峰《れいほう》、富士山《ふじさん》をよんだ歌。富士山《ふじさん》の美《うつく》しさは今も昔《むかし》も格別《かくべつ》で、短歌《たんか》や俳句《はいく》、絵画《かいが》などにとりあげられてきました。『新古今和歌集《しんこきんわかしゅう》』には、この歌が一部《いちぶ》かえられ、掲載《けいさい》されています（⇩23ページ）。

田子《たご》の浦港《うらこう》から見える富士山《ふじさん》。

東《ひんがし》の野《の》にかぎろひ《い》の立《た》つ見《み》えてかへ《え》り見《み》すれば月《つき》かたぶきぬ

◎作者《さくしゃ》＝柿本人麿《かきのもとのひとまろ》（柿本人麻呂《かきのもとのひとまろ》）

意味

東のほうの野に夜明けの光が見え、うしろをふりかえって見ると、月が西にかたむいているよ。

解説

作者《さくしゃ》が、軽皇子《かるのみこ》（のちの文武天皇《もんむてんのう》）にしたがって狩《か》りに出かけたときによんだ歌です。東に太陽《たいよう》がのぼりはじめるのが見え、西に月がかたむいて見えています。のぼる太陽《たいよう》は軽皇子《かるのみこ》をあらわし、かたむく月は亡《な》くなった軽皇子《かるのみこ》の父をあらわしています。

ことば

かぎろひ《い》……空をそめる光。

かへ《え》り見《み》……自分のうしろをふりかえって見ること。

かたぶきぬ……かたむいている。

うらうらに照《て》れる春日《はるひ》にひばり上《あ》がり 心悲《こころかな》しもひとりし思《おも》へば

◎作者《さくしゃ》＝大伴家持《おおとものやかもち》

意味

うららかに照《て》らす春の日に、ひばりが空に舞《ま》いあがっているのに、心は悲《かな》しいことだ。ひとりで思っていると。

解説

のどかなようすの前半と、悲《かな》しみに満《み》ちた後半が対照的《たいしょうてき》。あたたかな春の空に舞《ま》いあがるひばりを見ながら、ひとり物《もの》思《おも》いにふける心情《しんじょう》を歌にしています。

ひばり

ことば

うらうらに……うららかに。のどかなようすをあらわす。
ひばり……ヒバリ科の鳥。さえずりながら空高く飛《と》ぶ。

立山《たちやま》に降《ふ》り置《お》ける雪《ゆき》を常夏《とこなつ》に 見《み》れども飽《あ》かず神《かむ》からならし

◎作者《さくしゃ》＝大伴家持《おおとものやかもち》

意味

立山《たちやま》（立山《たてやま》）にふりつもった雪は真夏《まなつ》に見てもあきることがない。それは神《かみ》の山だからなのだろう。

解説

真夏《まなつ》でもとけない万年雪は、富士山《ふじさん》や立山《たてやま》などの高山《こうざん》でしか見ることができません。富士山《ふじさん》もそうですが、立山《たてやま》は神《かみ》がやどる不思議《ふしぎ》な山と考えられていました。

ことば

立山《たちやま》……飛騨山脈《ひださんみゃく》にそびえる山々《やまやま》。今は「たてやま」というが、かつては「たちやま」とよばれていた。
神《かむ》から（神柄《かむから》）……神《かみ》の性質《せいしつ》、品格《ひんかく》など。

淡海《おうみ》の海《うみ》夕波《ゆうなみ》千鳥《ちどり》汝《な》が鳴《な》けば 心《こころ》もしのに古《いにしえ》思《おも》ほゆ

◎作者《さくしゃ》＝柿本人麿《かきのもとのひとまろ》（柿本人麻呂《かきのもとのひとまろ》）

意味

琵琶湖《びわこ》の夕方の波《なみ》の上を飛《と》ぶ千鳥《ちどり》よ、おまえが鳴くと気持《きも》ちがしんみりとして、昔《むかし》のことが思いだされるよ。

解説

琵琶湖《びわこ》の湖畔《こはん》で、かつて近江《おうみ》（今の滋《し》賀県《がけん》）に都《みやこ》があったころをしのんでよんだ歌です。夕方、波《なみ》の上を飛《と》んでいく千《ち》鳥《どり》を見ながら、心のさびしさをしんみりと表現《ひょうげん》しています。

ことば

淡海《おうみ》の海《うみ》……近江《おうみ》の湖《みずうみ》、つまり琵琶湖《びわこ》のこと。「淡」は淡水《たんすい》を意味《いみ》する。
夕波《ゆうなみ》……夕方にたつ波《なみ》。
汝《な》……おまえ。そなた。
しのに……しんみりと。しみじみと。

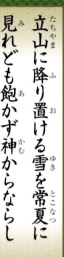

天《あま》の原《はら》振《ふ》りさけ見《み》れば春日《かすが》なる
三笠《みかさ》の山《やま》に出《い》でし月《つき》かも

◎作者《さくしゃ》＝安倍仲磨《あべのなかまろ》（安倍仲麻呂《あべのなかまろ》）

意味

大空を遠くまで見わたすと、月が出ている。これは、かつて春日《かすが》の三笠山《みかさやま》にのぼっていた月とおなじなのだなあ。

解説

遣唐使《けんとうし》として中国の唐《とう》にわたった安倍仲磨《あべのなかまろ》が、日本に帰る際《さい》によんだとされる歌です。故郷《こきょう》である春日《かすが》の三笠《みかさ》山《やま》をしのぶ気持《きも》ちがあらわれています。

ことば

天《あま》の原《はら》……大空。
春日《かすが》……奈良《なら》市春日野《かすがの》町にある春日《かすが》大社《たいしゃ》あたりのこと。
三笠《みかさ》の山《やま》……三笠山《みかさやま》。今の御蓋山《みかさやま》のことで、春日大社《かすがたいしゃ》の裏手《うらて》にある。

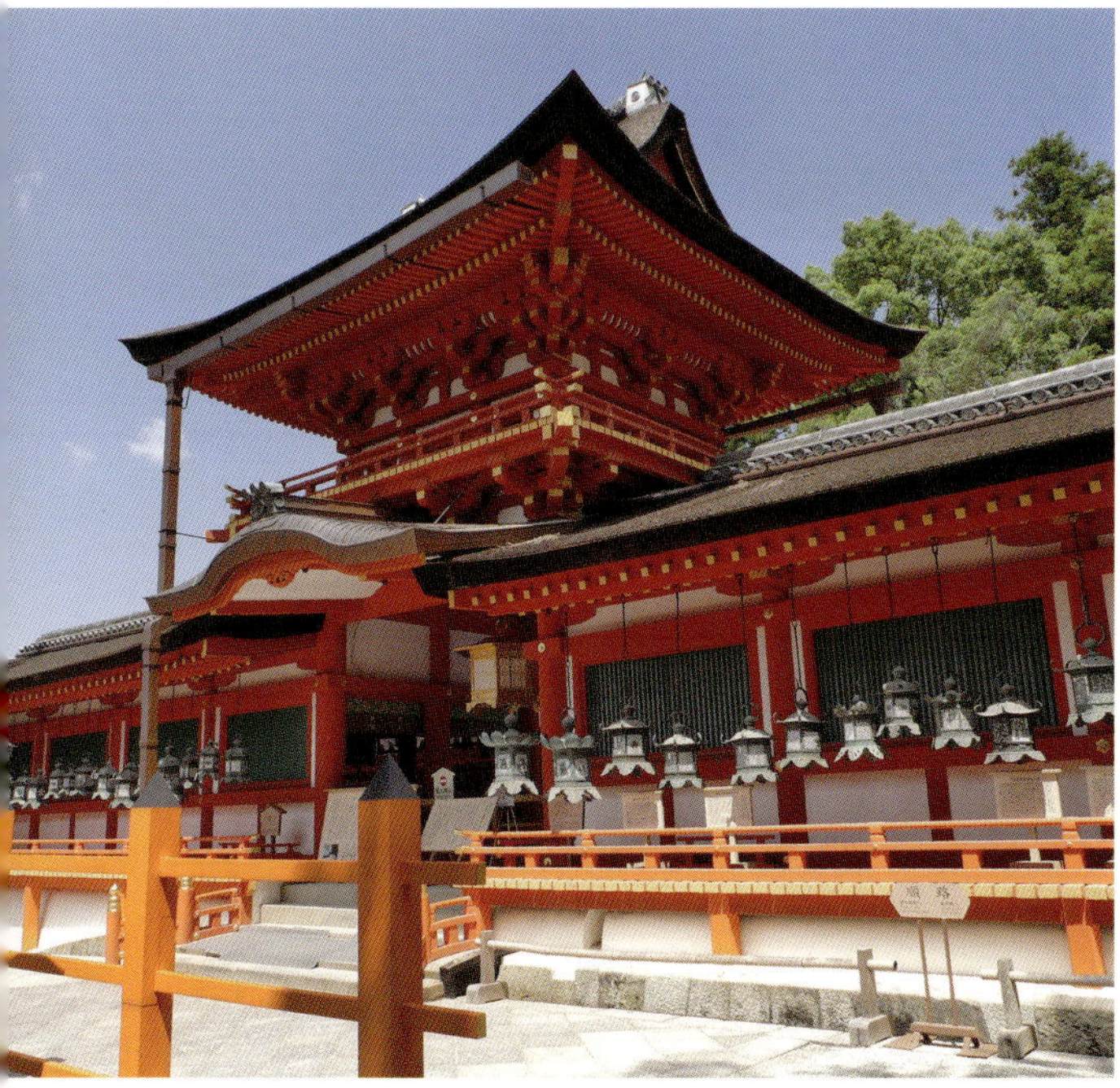

春日大社《かすがたいしゃ》の中門《ちゅうもん》・御廊《おろう》。

秋《あき》来《き》ぬと目《め》にはさやかに見《み》えねども　風《かぜ》の音《おと》にぞおどろかれぬる

◎作者《さくしゃ》＝藤原敏行《ふじわらのとしゆき》

意味

秋が来たと目にははっきり見えなかったけれど、風の音で気づいたよ。

解説

立秋《りっしゅう》の日によんだ歌です。立秋《りっしゅう》といえば、現在《げんざい》の八月七日ごろなので、夏真《なつま》っ盛《さか》りのころ。秋のおとずれは、まだはっきりと見ることはできませんが、風の音で秋の気配《けはい》を感《かん》じたのです。

ことば

来《き》ぬ……「きぬ」と読む。来《き》たの意味《いみ》。「こぬ」と読むと、来《こ》ないという意味《いみ》になる。
さやかに……はっきりと。
おどろかれぬる……はっと気づいた。

君《きみ》がため春《はる》の野《の》に出《い》でて若菜摘《わかなつ》む　我《わ》が衣手《ころもで》に雪《ゆき》は降《ふ》りつつ

◎作者《さくしゃ》＝光孝天皇《こうこうてんのう》

春の七草《ななくさ》

意味

あなたのために春の野に出かけて若菜《わかな》をつむわたしの着《き》物《もの》のそでに、雪がずっとふりかかっているよ。

解説

光孝天皇《こうこうてんのう》がまだ親王《しんのう》（皇《おう》子《じ》）だったころ、人に若菜《わかな》をおくるときによんだ歌です。昔《むかし》、一月七日に若菜《わかな》（春の七《なな》草《くさ》）をつみ、料理《りょうり》して食べる風習《ふうしゅう》がありました。それが「七草《ななくさ》がゆ」として今に伝《つた》わっています。

ことば

若菜《わかな》……春に芽吹《めぶ》く七種類《しゅるい》の草。古くは、万病《まんびょう》をのぞくとされていた。
衣手《ころもで》……（着物《きもの》の）そで。

奥山《おくやま》に紅葉《もみじ》踏《ふ》み分《わ》け鳴《な》く鹿《しか》の声《こえ》聞《き》く時《とき》ぞ秋《あき》は悲《かな》しき

◎作者《さくしゃ》＝猿丸大夫《さるまるだゆう》

意味

奥深《おくぶか》い山で紅葉《もみじ》を踏《ふ》み分《わ》けながら鳴いている鹿《しか》の声を聞くときこそ、秋はいよいよ悲《かな》しいと感《かん》じるものだ。

解説

秋、地面《じめん》いっぱいに落《お》ちた紅葉《もみじ》の葉《は》をイメージできる歌です。『古今和歌集《こきんわかしゅう》』では、この歌はよみ人知《びとし》らずとされていますが、『小倉百人一首《おぐらひゃくにんいっしゅ》』では、作者《さくしゃ》は猿丸大夫《さるまるだゆう》となっています。

ことば

奥山《おくやま》……人里はなれた山の奥《おく》。

踏《ふ》み分《わ》け……この動作《どうさ》は、鹿《しか》によるものと解釈《かいしゃく》されるが、人の動作《どうさ》とする説《せつ》もある。

久方《ひさかた》の光《ひかり》のどけき春《はる》の日《ひ》にしづ《ず》心《ごころ》なく花《はな》の散《ち》るらむ《ん》

◎作者《さくしゃ》＝紀友則《きのとものり》

意味

のどかな日の光がさす春の日なのに、桜《さくら》の花は、なぜ落《お》ち着《つ》いた心もなく散《ち》るのだろう。

解説

日の光をあびて花が散《ち》るようすをよんだ歌。和歌《わか》で「花」といえば、桜《さくら》の花のことです。桜《さくら》の花を人にたとえて表現《ひょうげん》する「擬人法《ぎじんほう》」がもちいられています。

ことば

久方《ひさかた》の……「天《あま》」「雲《くも》」「光《ひかり》」などにかかる枕詞《まくらことば》（特定《とくてい》の語句《ごく》の前につけて歌の調子《ちょうし》をととのえる言葉《ことば》）。ここでは「光《ひかり》」にかかっている。

のどけき……のどかな。おだやかな。

しづ《ず》心《ごころ》……落《お》ち着《つ》いた気持《きも》ち。

見渡《みわた》せば柳桜《やなぎさくら》をこきまぜて都《みやこ》ぞ春《はる》の錦《にしき》なりける

◎作者《さくしゃ》＝素性法師《そせいほうし》（素性《そせい》）

意味

見わたすと、柳《やなぎ》の緑《みどり》と桜《さくら》の花がまざりあっていて、都《みやこ》の景色《けしき》は春をあらわした錦織《にしきおり》のようだなあ。

解説

春、どこかの高台から、京《きょう》の都《みやこ》の風景《ふうけい》をよんでいるのでしょう。柳《やなぎ》の葉《は》と桜《さくら》の花が織《お》りなすもようがあざやかで美《うつく》しく、まるで錦《にしき》の織物《おりもの》のようだといっています。

ことば

こきまぜて……まぜあわせて。

錦《にしき》……金銀《きんぎん》の糸や、種々《しゅじゅ》の色糸で織《お》った織物《おりもの》。紅葉《こうよう》のあざやかさを「秋の錦《にしき》」というが、この歌では「春の錦《にしき》」と表現《ひょうげん》している。

人《ひと》はいさ心《こころ》も知《し》らず古里《ふるさと》は花《はな》ぞ昔《むかし》の香《か》ににほひける

◎作者《さくしゃ》＝紀貫之《きのつらゆき》

意味

あなたの心がどうなったか知りませんが、昔《むかし》なじみのこの地では、梅《うめ》の花だけが昔《むかし》とおなじ香《かお》りで咲《さ》きにおっています。

解説

長らくおとずれていなかった宿《やど》の主人《しゅじん》に「こんなふうに泊《と》まるところがあるのに」と皮肉《ひにく》を言われ、それに返《かえ》した歌です。人の行動《こうどう》とはちがい、梅《うめ》は毎年、おなじように咲《さ》き、おなじ香《かお》りをただよわせてくれます。

ことば

いさ……さあ、どうだろう。

花《はな》……ここでは桜《さくら》ではなく、梅《うめ》のこと。

小倉山峰《おぐらやまみね》たちならし鳴《な》く鹿《しか》の経《へ》にけむ秋《あき》を知《し》る人《ひと》ぞなき

◎作者《さくしゃ》＝紀貫之《きのつらゆき》

意味

小倉山《おぐらやま》の峰《みね》に立って、山を踏《ふ》みならしながら鳴いている鹿《しか》が、何年の秋を泣《な》きとおしてきたのかは、だれも知らない。

解説

五・七・五・七・七の各句《かくく》にある最初《さいしょ》の一字をならべると、花の名前の「を《お》みなへ《え》し」になります。各句《かくく》のはじめに意味《いみ》のある言葉《ことば》をおいたものを「折句《おりく》」といいます。

ことば

小倉山《おぐらやま》……京都市《きょうとし》右京区嵯峨《うきょうくさが》にある山。紅葉《こうよう》の名所《めいしょ》のひとつ。

たちならし……踏《ふ》んで平《たい》らにして。

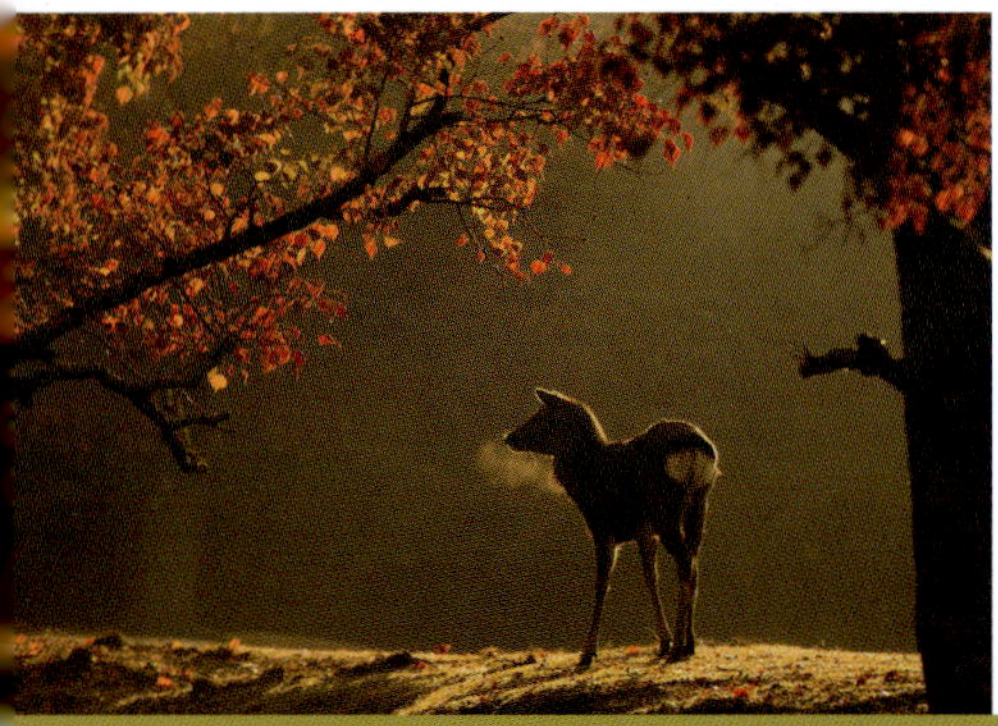

山川《やまがわ》に風《かぜ》のかけたるしがらみは
流《なが》れもあへ《え》ぬもみぢ《じ》なりけり

◎作者《さくしゃ》＝春道列樹《はるみちのつらき》

意味

山あいを流《なが》れる川に風がかけた柵《さく》は、流《なが》れきらずにたまったもみじだったよ。

解説

風を擬人化《ぎじんか》しています。もみじの落《お》ち葉《ば》が川に流《なが》され、とちゅうにたまったようすを見て、風がかけた柵《さく》（しがらみ）のようだとよんでいます。

ことば

山川《やまがわ》……山あいを流《なが》れる川。谷川。「やまかわ」とにごらずに読むと、山と川の意味《いみ》になる。
しがらみ……水の流《なが》れをせき止めるための柵《さく》。

山里《やまざと》は冬《ふゆ》ぞ寂《さび》しさまさりける
人目《ひとめ》も草《くさ》もかれぬと思《おも》へ《え》ば

◎作者《さくしゃ》＝源宗于《みなもとのむねゆき》（源宗于朝臣《みなもとのむねゆきあそん》）

意味

山里《やまざと》は、冬にさびしさをいっそう強く感《かん》じるよ。人もおとずれなくなり、草もすっかり枯《か》れてしまうと思うと。

解説

冬の歌としてよまれた作品《さくひん》。冬のさびしい山里《やまざと》をうたっています。倒置法《とうちほう》をもちいていて、最後《さいご》の「と思《おも》へ《え》ば」は冒頭《ぼうとう》の「山里《やまざと》は」につながります。

ことば

かれぬ……遠ざかる、はなれる意《い》味《み》の「離《か》る」と、植物《しょくぶつ》が枯《か》れる意《い》味《み》の「枯《か》る」をかけている。

朝《あさ》ぼらけ有明《ありあけ》の月《つき》と見《み》るまでに
吉野《よしの》の里《さと》に降《ふ》れる白雪《しらゆき》

◎作者《さくしゃ》＝坂上是則《さかのうえのこれのり》

意味

夜が明けて空がほんのりと明るくなるころ、月の光のように見えるほど、吉野《よしの》の里にふっている白雪よ。

解説

作者《さくしゃ》が地方の役人《やくにん》として、大和国《やまとのくに》（今の奈良県《ならけん》）の吉野《よしの》の地に出かけたときの歌。夜明けに目覚《めざ》めたときに、雪がふっているようすを見て歌にしています。

ことば

朝《あさ》ぼらけ……夜が明けてくるころ。あけぼの。あかつき。
有明《ありあけ》……月が出ているままで夜が明けること。

このたびは幣《ぬさ》も取《と》りあへず手向山《たむけやま》
紅葉《もみじ》の錦《にしき》神《かみ》のまにまに

◎作者《さくしゃ》＝菅原道真《すがわらのみちざね》

意味

今度《こんど》の旅《たび》は、神様《かみさま》にささげるべき幣《ぬさ》の用意《ようい》もできなかった。手向山《たむけやま》の紅葉《もみじ》の錦《にしき》を幣《ぬさ》としてささげるので、御心《みこころ》のままにおおさめください。

解説

『小倉百人一首《おぐらひゃくにんいっしゅ》』では、作者《さくしゃ》を「菅家《かんけ》」としています。菅家《かんけ》とは「菅原道真《すがわらのみちざね》」のことです。宇多上皇《うだじょうこう》が奈良《なら》におもむいた際《さい》、お供《とも》をしたときによんだ歌です。手《た》向山《むけやま》は、山の名前と、ささげるという意《い》味《み》の「手向《たむ》く」をかけています。

ことば

幣《ぬさ》……神《かみ》に祈《いの》るときのささげもので、さまざまな色の木綿《もめん》や錦《にしき》、紙を細かく切ったもの。

手向山《たむけやま》……奈良市《なら》にある山。京都《きょうと》から奈良《なら》にむかうときにこえる山で、紅葉《こうよう》の名所《めいしょ》。

月見《つきみ》れば千々《ちぢ》に物《もの》こそ悲《かな》しけれ
わが身《み》ひとつの秋《あき》にはあらねど

◎作者《さくしゃ》＝大江千里《おおえのちさと》

意味

月を見ると、あれこれと際限《さいげん》もなく物《もの》悲《がな》しくなることよ。自分ひとりにだけやってくる秋ではないけれども。

解説

歌合わせのときの歌で、秋の月の物悲《ものがな》しさをよんでいます。歌合わせでは、短《たん》歌《か》を発表《はっぴょう》しあって優劣《ゆうれつ》を競《きそ》います。倒置《とうち》法《ほう》をもちいていて、最後《さいご》の「あらねど」は、冒頭《ぼうとう》の「月見《つきみ》れば」につながります。

ことば

千々《ちぢ》……際限《さいげん》なく、かぎりなくという意味《いみ》。たくさんをあらわす「千々《ちぢ》」と「ひとつ」が対応《たいおう》している。

秋《あき》にはあらねど……秋ではないけれど。

木《こ》の間《ま》よりもりくる月《つき》のかげみれば
心《こころ》づくしの秋《あき》は来《き》にけり

◎作者《さくしゃ》＝よみ人知《びとし》らず

意味

木のあいだからもれてくる月の光を見て思った。なにかと物思《ものおも》いをする秋がやってきたのだなあ。

解説

秋、木のあいだからさしこんでくる月の光を見たときに感《かん》じた思いを表現《ひょうげん》しています。秋が物思《ものおも》いをさせる季節《きせつ》であるのは、今も昔《むかし》もかわりないようです。

ことば

月《つき》のかげ……月の光のこと。

心《こころ》づくし……あれこれと気をもむこと。

筑波嶺《つくばね》の峰《みね》より落《お》つるみなの川《がわ》 恋《こい》ぞつもりてふちとなりぬる

◎作者《さくしゃ》＝陽成院《ようぜいいん》（陽成天皇《ようぜいてんのう》）

意味

筑波山《つくばさん》の峰《みね》から流《なが》れ落《お》ちるみなの川《がわ》が、しだいに水かさをまして深《ふか》い淵《ふち》となるように、あなたを思う恋心《こいごころ》も、しだいにつもって深《ふか》いものになったのです。

解説

人を思う恋心《こいごころ》がしだいにつのり、深《ふか》まっていくイメージを、川の流《なが》れがしだいに深《ふか》まっていくさまとかさねあわせて表現《ひょうげん》した歌です。

春の筑波山《つくばさん》。

ことば

筑波嶺《つくばね》……茨城県《いばらきけん》にある筑波《つくば》山《さん》のこと。「西の富士《ふじ》、東の筑波《つくば》」ともいわれ、歌にもよまれる。

みなの川《がわ》……男女川《みなのがわ》。筑波山《つくばさん》を源《みなもと》とする川。

ふち……川の深《ふか》いところ。

白露《しらつゆ》に風《かぜ》の吹《ふ》きしく秋《あき》の野《の》は つらぬきとめぬ玉《たま》ぞ散《ち》りける

◎作者《さくしゃ》＝文屋朝康《ふんやのあさやす》

意味

（草の葉《は》の上に見える）白く光る露《つゆ》に風がしきりにふきつける秋の野では、（露《つゆ》が散《ち》るようすは）ひもにとおしてとめていない玉が散《ち》るようだよ。

解説

葉《は》の上にかがやく露《つゆ》を玉にたとえてあらわした歌です。風にふかれて散《ち》る露《つゆ》のようすが印象深《いんしょうぶか》く表現《ひょうげん》されています。

ことば

白露《しらつゆ》……白く光って見える露《つゆ》。美《うつく》しく露《つゆ》を表現《ひょうげん》した言葉《ことば》。

吹《ふ》きしく……しきりにふく。ふきつける。

つらぬきとめぬ……ひもをとおしてとめていない。当時から、玉にあけた穴《あな》にひもをとおし、数珠《じゅず》などにしていた。

あしびきの山鳥《やまどり》の尾《お》のしだり尾《お》の ながながし夜《よ》をひとりかも寝《ね》む

◎作者《さくしゃ》＝柿本人麿《かきのもとのひとまろ》（柿本人麻呂《かきのもとのひとまろ》）

意味

山鳥の長くたれさがった尾《お》のように、長い長い秋の夜を、わたしはひとりさびしく寝《ね》るのだろうか。

解説

長い秋の夜の一人寝《ひとりね》のさびしさを歌っています。「……しだり尾《お》の」まで山鳥の尾《お》の長いことを伝《つた》えて、「ながながし」をみちびいています。

ことば

あしびきの……山鳥にかかる枕詞《まくらことば》。
山鳥《やまどり》……山にすむ鳥。きじとも。当時、夜になると、山鳥の雄《おす》と雌《めす》はわかれて寝《ね》ると考えられていた。
ながながし夜《よ》……長い長い秋の夜。秋の夜長《よなが》。

きじ

小倉山《おぐらやま》峰《みね》のもみぢ葉《ば》心《こころ》あらば
今《いま》ひとたびのみゆき待《ま》たなむ《ん》

◎作者《さくしゃ》＝藤原忠平《ふじわらのただひら》（貞信公《ていしんこう》）

意味

小倉山《おぐらやま》の峰《みね》のもみじ葉《ば》よ、おまえに心があるならば、もう一度《いちど》、天皇《てんのう》がいらっしゃるまで、散《ち》らないで待《ま》っていてほしい。

解説

宇多上皇《うだじょうこう》が小倉山《おぐらやま》の紅葉《こうよう》の美《うつく》しさに感激《かんげき》し、息子《むすこ》の醍醐《だいご》天皇《てんのう》にも見せたいと言ったときによんだ歌です。擬人法《ぎじんほう》がもちいられていて、もみじ葉《ば》を人にたとえて、散《ち》らずに待《ま》っていてくれと語りかけています。

ことば

小倉山《おぐらやま》……京都市《きょうとし》右京区《うきょうく》嵯峨《さが》にある山。紅葉《こうよう》の名所《めいしょ》として知られる。
心《こころ》あらば……道理や人情《にんじょう》を理《り》解《かい》する心があれば。
みゆき……天皇《てんのう》が外出すること。行幸《ぎょうこう》。

しのぶれど色《いろ》に出《い》でにけりわが恋《こい》は
ものや思《おも》ふ《う》と人《ひと》の問《と》ふ《う》まで

◎作者《さくしゃ》＝平兼盛《たいらのかねもり》

意味

恋《こい》する人への秘《ひ》めていた思いが、ついに顔に出てしまった。恋《こい》に悩《なや》んでいるのかと、人にたずねられるほどに。

解説

村上天皇《むらかみてんのう》の前でおこなわれた歌合わせの席《せき》で発表《はっぴょう》された歌。『拾遺和歌集《しゅういわかしゅう》』では壬生《みぶの》忠見《ただみ》の歌に勝利《しょうり》したとされます。恋心《こいごころ》を胸《むね》の内にしまっていたのに、他人《たにん》に気づかれ、指摘《してき》されてしまったことをよんでいます。

ことば

しのぶ……秘密《ひみつ》にする。この歌では、恋《こい》する思いを心に秘《ひ》めておくこと。
色《いろ》……表情《ひょうじょう》。
出《い》でにけり……この歌では、心で思っていることが表情《ひょうじょう》や態度《たいど》にあらわれたこと。

奈良県立竜田《ならけんりつたつた》公園の紅葉《こうよう》。

嵐《あらし》吹《ふ》く三室《みむろ》の山《やま》のもみぢ《じ》葉《ば》は 龍田《たつた》の川《かわ》の錦《にしき》なりけり

◎作者《さくしゃ》＝能因法師《のういんほうし》（能因《のういん》）

意味

嵐《あらし》がふき散《ち》らした三室山《みむろやま》のもみじの葉《は》が竜《たつ》田川《たがわ》にうかんでいて、まるで錦《にしき》のようだなあ。

解説

宮中《きゅうちゅう》での歌合わせで発表《はっぴょう》された歌。嵐《あらし》によって川面《かわも》に散《ち》ったもみじ葉《ば》が、川幅《かわはば》いっぱいにうかんで流《なが》れるさまを錦《にしき》の織物《おりもの》にみたてています。

ことば

三室《みむろ》の山《やま》……奈良県斑鳩《ならけんいかるが》町にある三室《みむろ》山《やま》。紅葉《こうよう》の名所《めいしょ》として知られる。

龍田《たつた》の川《かわ》……竜田川《たつたがわ》のこと。大和川《やまとがわ》の支流《しりゅう》で、斑鳩《いかるが》町を流《なが》れる。

錦《にしき》……金銀《きんぎん》の糸や種々《しゅじゅ》の色糸でいろいろなもようを織《お》りだした厚地《あつじ》の美《うつく》しい絹織物《きぬおりもの》。

桜《さくら》が咲《さ》く春の三室山《みむろやま》。

音《おと》もせで思《おも》ひにもゆるほたるこそ　鳴《な》く虫《むし》よりもあはれ《わ》なりけれ

◎作者《さくしゃ》＝源重之《みなもとのしげゆき》

意味

声も立てないで思いの火に燃《も》える蛍《ほたる》こそ、声に出して鳴く虫よりも、しみじみとおもむきがあることだ。

解説

相手《あいて》に打《う》ち明《あ》けられない恋心《こいごころ》の悲《かな》しさを、音も立てずに光っている蛍《ほたる》にかさねてよんだ歌です。思ひの「ひ」と「火」をかけています。

ことば

音《おと》もせで……声も立てないで。鳴きもしないで。
鳴《な》く虫《むし》……声を立てて鳴く秋の虫。
あはれ《わ》……しみじみとおもむきがあり、心ひかれる。

さびしさに宿《やど》をたち出《い》でてながむれば　いづ《ず》くも同《おな》じ秋《あき》の夕暮《ゆうぐ》れ

◎作者《さくしゃ》＝良暹法師《りょうぜんほうし》（良暹《りょうぜん》）

意味

あまりのさびしさに家（庵《いおり》）から出て、あたりをながめわたしたが、どこもおなじ（ようにさびしい）秋の夕暮《ゆうぐ》れだなあ。

解説

作者《さくしゃ》が都《みやこ》をはなれ、山里《やまざと》にうつり住《す》んだころによんだ歌です。秋は一年でもっともさびしい季節《きせつ》。夕暮《ゆうぐ》れは一日でもっともさびしい時間帯《じかんたい》です。身《み》にしみるようなさびしさが伝《つた》わってくる歌です。

ことば

宿《やど》……家。庵《いおり》。すみか。

高砂《たかさご》の尾上《おのえ》の桜《さくら》咲《さ》きにけり　外山《とやま》の霞《かすみ》立《た》たずもあらなむ《ん》

◎作者《さくしゃ》＝大江匡房《おおえのまさふさ》
（権中納言匡房《ごんちゅうなごんまさふさ》／前中納言匡房《さきのちゅうなごんまさふさ》）

意味

高い山の峰《みね》に山桜《やまざくら》が咲《さ》いたなあ。（その美《うつく》しい景色《けしき》が見えなくなるので）里に近い山の霞《かすみ》よ、どうか立たないでおくれ。

解説

宴《うたげ》の席《せき》で「はるかに山桜《やまざくら》をのぞむ」という題《だい》でよんだ歌。高い山（高砂《たかさご》）に咲《さ》いた山桜《やまざくら》が見えなくならないように、低《ひく》い山（外山《とやま》）に霞《かすみ》が立たないでほしいとよんでいます。

ことば

高砂《たかさご》……高い山。播磨国《はりまのくに》（今の兵庫県南西《ひょうごけんなんせい》部《ぶ》）の「高砂《たかさご》」の地のことだとする説《せつ》もある。
尾上《おのえ》……山の峰《みね》。
外山《とやま》……奥山《おくやま》の周囲《しゅうい》の人里《ひとざと》に近い山。

大江山《おおえやま》いく野《の》の道《みち》の遠《とお》ければ まだふみも見《み》ず天《あま》の橋立《はしだて》

◎作者《さくしゃ》＝小式部内侍《こしきぶのないし》

意味

大江山《おおえやま》をこえ、生野《いくの》をとおって（丹後《たんご》へ）いく道は遠いので、まだ天橋立《あまのはしだて》の地をふんだことはないし、そこに住《す》む母からの手紙も見ていません。

解説

作者《さくしゃ》はすぐれた歌人《かじん》だと評判《ひょうばん》でしたが、丹後国《たんごのくに》（今の京都府《きょうとふ》北部《ほくぶ》）にいる母の和泉式部《いずみしきぶ》が代《だい》作《さく》しているのではないかといううわさがありました。ある歌会で、それをからかわれた際《さい》にひろうしたのがこの歌です。

ことば

いく野《の》……地名の生野《いくの》（京都《きょうと》府福知山市《ふくちやまし》）と、野を行くの「行く」をかけている。

ふみ……「踏《ふ》み」と「文《ふみ》」をかけている。

天《あま》の橋立《はしだて》……天橋立《あまのはしだて》。京都府《きょうとふ》の宮津湾《みやづわん》にある名勝《めいしょう》。日本三景《さんけい》のひとつ。

天橋立《あまのはしだて》

夕《ゆう》されば門田《かどた》の稲葉《いなば》おとづれ《ず》て 芦《あし》のまろやに秋風《あきかぜ》ぞ吹《ふ》く

◎作者《さくしゃ》＝源経信《みなもとのつねのぶ》（大納言経信《だいなごんつねのぶ》）

意味

夕方になると、門前にある田の稲《いね》の葉《は》がさわさわと音を立て、葦《あし》で屋根《やね》をふいた小屋《こや》に秋風がふくことよ。

解説

知り合いの山荘《さんそう》に貴族《きぞく》たちが集《あつ》まり、「田家秋風《でんかのあきかぜ》」を題《だい》にしてよんだ歌です。

ことば

門田《かどた》……門の前にある田。

おとづれ《ず》て……音がして。

芦《あし》……イネ科の多年草の葦《あし》（ヨシ）。

まろや……葦《あし》などで屋根《やね》をふいた粗末《そまつ》な家。

わたの原《はら》漕《こ》ぎ出《い》でて見《み》ればひさかたの
雲居《くもい》にまがふ沖《おき》つ白波《しらなみ》

◎作者《さくしゃ》＝藤原忠通《ふじわらのただみち》
（法性寺《ほっしょうじ》入道前関白太政大臣《にゅうどうさきのかんぱくだいじょうだいじん》）

意味

大海原《おおうなばら》に船をこぎ出して見わたすと、遠くのほうでは、雲と見わけがつかないほどに、沖《おき》の白波《しらなみ》が立っているよ。

解説

藤原忠通《ふじわらのただみち》は関白《かんぱく》や太政大臣《だいじょうだいじん》をつとめた人物《じんぶつ》で、隠居《いんきょ》して法性寺《ほっしょうじ》に入りました。これは崇徳天皇《すとくてんのう》を前にして、「海上の遠望《えんぼう》」という題《だい》でよんだ歌です。

ことば

ひさかたの……「天《あま》」「雲《くも》」「光《ひかり》」などにかかる枕詞《まくらことば》。
まがふ《う》……まじりあって区別《くべつ》がつかない。
沖《おき》つ白波《しらなみ》……沖《おき》の白い波《なみ》。

この歌が採用《さいよう》されている『小倉百人一首《おぐらひゃくにんいっしゅ》』の札《ふだ》。左が読《よ》み札《ふだ》、右が取《と》り札《ふだ》。小倉百人一首《おぐらひゃくにんいっしゅ》（任天堂《にんてんどう》）。

ほととぎす鳴《な》きつる方《かた》をながむれば
ただ有明《ありあけ》の月《つき》ぞ残《のこ》れる

◎作者《さくしゃ》＝藤原実定《ふじわらのさねさだ》（後徳大寺左大臣《ごとくだいじのさだいじん》）

意味

ほととぎすが鳴いた方角をながめると、そのすがたは見えず、ただ明け方の月だけが空に残《のこ》っているよ。

解説

その年のほととぎすの第一声《だいいっせい》を聞こうとしていたら、やっと聞けたのは明け方。鳴き声のしたほうを見たところ、空に月が見えるだけだったというのです。

ことば

鳴《な》きつる方《かた》……鳴いた方角。
有明《ありあけ》の月《つき》……夜が明けても空に残《のこ》っている月。

朝《あさ》ぼらけ宇治《うじ》の川霧《かわぎり》たえだえに
あらはれわたる瀬々《せぜ》の網代木《あじろぎ》

◎作者《さくしゃ》＝藤原定頼《ふじわらのさだより》（権中納言定頼《ごんちゅうなごんさだより》）

意味

夜がほんのりと明けてくるころ、宇治川《うじがわ》の川面《かわも》に立ちこめた霧《きり》がとぎれとぎれに消《き》えて、その切れ目から見えてくるのは浅瀬《あさせ》にしかけた網代木《あじろぎ》だよ。

解説

冬の早朝、霧《きり》が立ちこめた宇治川《うじがわ》の情景《じょうけい》をよんでいます。霧《きり》がとぎれたところから、小魚をとるための網代木《あじろぎ》が見えます。

ことば

朝《あさ》ぼらけ……夜がほんのりと明けてくるころ。
宇治《うじ》……宇治川《うじがわ》。琵琶湖《びわこ》に発《はっ》し、京都府《きょうとふ》宇治市《うじし》を流《なが》れる。
瀬々《せぜ》……いくつもの浅瀬《あさせ》。
網代木《あじろぎ》……小魚をとるために竹や木などをあんだ道具《どうぐ》。

春過《はるす》ぎて夏来《なつき》にけらし白妙《しろたえ》の衣干《ころもほ》すてふ天《ちょうあま》の香具山《かぐやま》

◎作者《さくしゃ》＝持統天皇《じとうてんのう》

意味

春がすぎて、夏がやってきたらしい。白い衣《ころも》をほすという天《あま》の香具山《かぐやま》に。

解説

白い衣《ころも》が風にたなびいているようすを見てよんでいます。『万葉集《まんようしゅう》』には、「春過《はるす》ぎて夏《なつ》来《き》たるらし白妙《しろたえ》の衣干《ころもほ》したり天《あま》の香具山《かぐやま》」という、もとになった歌が掲載《けいさい》されています。

香具山《かぐやま》

ことば

白妙《しろたえ》の衣《ころも》……白い衣《ころも》（服《ふく》）。白妙《しろたえ》が「衣《ころも》」にかかっている。

てふ《ちょう》……「という」の短縮《たんしゅく》。

天《あま》の香具山《かぐやま》……香具山《かぐやま》は奈良《なら》県橿原《けんかしはら》市にある山。天からふってきたといわれ、「天《あま》の香具山《かぐやま》」とよばれる。

田子《たご》の浦《うら》にうち出《い》でて見《み》れば白妙《しろたえ》の富士《ふじ》の高嶺《たかね》に雪《ゆき》は降《ふ》りつつ

◎作者《さくしゃ》＝山部赤人《やまべのあかひと》（山辺赤人《やまべのあかひと》）

意味

田子《たご》の浦《うら》に出てながめると、真《ま》っ白《しろ》な富士山《ふじさん》の高い峰《みね》に、雪がふりつづいているよ。

解説

田子《たご》の浦《うら》から見た富士山《ふじさん》のようすをよんでいます。『万葉集《まんようしゅう》』には、「田子《たご》の浦《うら》ゆうち出《い》でて見《み》れば真白《ましろ》にそ富士《ふじ》の高嶺《たかね》に雪《ゆき》は降《ふ》りける」という、もとになった歌が掲載《けいさい》されています（⇨7ページ）。

ことば

田子《たご》の浦《うら》……静岡県《しずおかけん》にある駿河湾《するがわん》の海岸《かいがん》（⇨7ページ）。

白妙《しろたえ》……木の繊維《せんい》でつくった真《ま》っ白《しろ》い布《ぬの》のこと。「富士《ふじ》」にかかっている。

田子《たご》の浦港《うらこう》と富士山《ふじさん》。

秋風《あきかぜ》にたなびく雲《くも》の絶《た》え間《ま》よりもれ出《い》づる月《つき》の影《かげ》のさやけさ

◎作者《さくしゃ》＝藤原顕輔《ふじわらのあきすけ》（左京大夫顕輔《さきょうのだいぶあきすけ》）

意味

秋風によってたなびいている雲の切れ間から、もれ出てくる月の光が、なんとすみきって明るいことだろう。

解説

作者《さくしゃ》の藤原顕輔《ふじわらのあきすけ》は『詞花和歌集《しかわかしゅう》』を編《へん》纂《さん》した人物《じんぶつ》。この歌は崇徳院《すとくいん》（崇徳天皇《すとくてんのう》）にさしだしたものです。風によってたなびく雲の切れ間から見た月を情景《じょうけい》ゆたかに表現《ひょうげん》しています。

ことば

たなびく……雲や煙《けむり》などが横《よこ》に長くひく。
絶《た》え間《ま》……切れ間。切れ目。
月《つき》の影《かげ》……月の光。月光。

見《み》わたせば花《はな》ももみぢ《じ》もなかりけり浦《うら》の苫屋《とまや》の秋《あき》の夕《ゆう》ぐれ

◎作者《さくしゃ》＝藤原定家《ふじわらのさだいえ》

意味

見わたすと、美《うつく》しい花も紅葉《もみじ》もないことだ。海辺《うみべ》に粗末《そまつ》な小屋《こや》があるだけのさびしい秋の夕暮《ゆうぐ》れよ。

解説

前半で「花ももみぢ《じ》も」としていることによって、後半で景観《けいかん》のさびしさがいっそうきわだつように表現《ひょうげん》しています。

ことば

浦《うら》……入《い》り江《え》の海岸《かいがん》。
苫屋《とまや》……苫《とま》（茅《かや》や菅《すげ》など）で屋根《やね》をふいた粗末《そまつ》な小屋《こや》。

村雨《むらさめ》の露《つゆ》もまだひぬまきの葉《は》に霧《きり》たちのぼる秋《あき》の夕暮《ゆうぐ》れ

◎作者《さくしゃ》＝寂蓮法師《じゃくれんほうし》（寂蓮《じゃくれん》）

意味

にわか雨のしずくも、まだかわききっていないまきの葉《は》のあたりに、霧《きり》が白く立ちのぼってくる、さびしい夕暮《ゆうぐ》れであることよ。

解説

後鳥羽上皇《ごとばじょうこう》が主《しゅ》催《さい》した歌合わせで発表《はっぴょう》された歌。寂《じゃく》蓮《れん》は『新古今和歌《しんこきんわか》集《しゅう》』の撰者《せんじゃ》となりますが、完成前《かんせいまえ》に亡《な》くなっています。

ことば

村雨《むらさめ》……にわか雨。
露《つゆ》……雨のしずく、水滴《すいてき》。
ひぬ……かわいていない。
まき……杉《すぎ》や檜《ひのき》などのこと。

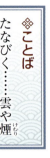

風《かぜ》そよぐならの小川《おがわ》の夕暮《ゆうぐ》れは
みそぎぞ夏《なつ》のしるしなりける

◎作者《さくしゃ》＝藤原家隆《ふじわらのいえたか》（従二位家隆《じゅにいいえたか》）

多くの神社《じんじゃ》では、六月祓《みなづきばらえ》の神事《しんじ》として、チガヤの葉《は》をあんでつくった輪《わ》をくぐる「茅《ち》の輪《わ》くぐり」がおこなわれている。

意味

風がなら（楢《なら》）の葉《は》にふいて、そよそよと音をさせている。このならの小川の夕暮《ゆうぐ》れは秋のようであるが、六月《みなづき》祓《ばらえ》だけが夏であることのあかしなのだなあ。

解説

「なら」は、植物《しょくぶつ》の楢《なら》と、川のよび名であるならの小川の両方《りょうほう》をかけた言《こと》葉《ば》です。その年の上半期《かみはんき》の罪《つみ》やけがれをおはらいする神事《しんじ》「六月祓《みなづきばらえ》」をえがいた屏風《びょうぶ》を見てよんだ歌です。

ことば

ならの小川《おがわ》……京都《きょうと》市北区《きたく》の上賀茂《かみがも》神社《じんじゃ》の境内《けいだい》を流《なが》れる川。

みそぎ……ここでは、旧暦《きゅうれき》の六月末《まつ》におこなわれる「六月祓《みなづきばらえ》」のこと。

しるし……あかし。証拠《しょうこ》。

上賀茂神社《かみがもじんじゃ》の楼門《ろうもん》。

むしのねものこりすくなになりにけり よなよなかぜのさむくしなれば

◎作者《さくしゃ》＝良寛《りょうかん》

意味

（秋の）虫の鳴き声もあまり聞こえなくなってきたなあ。夜ごとにふく風が寒《さむ》くなってくるので。

解説

「虫《むし》の音《ね》」といえば、秋を象徴《しょうちょう》する言葉《ことば》です。虫の声が、夜をむかえるごとに聞こえなくなっていくようす、つまり、冬が近づいてきたことを伝《つた》えています。

ことば

むしのね……虫《むし》の音《ね》。虫の鳴き声のこと。
よなよな……夜ごと。夜がくるごと。

この里《さと》に手《て》まりつきつつ子《こ》どもらと 遊《あそ》ぶ春日《はるひ》は暮《く》れずともよし

◎作者《さくしゃ》＝良寛《りょうかん》

意味

この里で、手まりをつきながら子どもたちと遊《あそ》ぶ春の日は、このまま暮《く》れなくてもいいのになあ。

解説

良寛《りょうかん》は十八歳《さい》で出家《しゅっけ》し、僧侶《そうりょ》をめざしました。短歌《たんか》のほか、書道や漢詩《かんし》にもすぐれていました。この作品《さくひん》のように、自然《しぜん》のようすや子どもたちとの交流《こうりゅう》をすなおによんだ歌を多く残《のこ》しています。

ことば

この里《さと》……当時、良寛《りょうかん》が住んでいた国上山《くがみやま》（新潟県燕市《にいがたけんつばめし》）にある乙子神社《おとごじんじゃ》の草庵《そうあん》のあたり。
暮《く》れずともよし……日が暮《く》れなくてもいいのに。

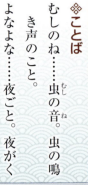

日《ひ》のかげは青海原《あおうなばら》を照《て》らしつつ光《ひか》る孔雀《くじゃく》の尾《お》の道《みち》の沖《おき》

◎作者《さくしゃ》＝十返舎一九《じっぺんしゃいっく》

意味

日の光が青い海を照《て》らしていて、尾道《おのみち》の沖《おき》は、まるで孔雀《くじゃく》の長い尾羽《おばね》のように光りかがやいている。

解説

広島県《ひろしまけん》の尾道《おのみち》の海を見てよんだ歌です。沖《おき》のほうまで光る海のようすを孔雀《くじゃく》の尾《お》羽《ばね》のようだとあらわしています。

ことば

尾《お》の道《みち》……今の広島県尾道《ひろしまけんおのみち》市。

高台から見える尾道《おのみち》の市街地《しがいち》。

たのしみは妻子《めこ》むつまじくうちつどひ《い》頭《かしら》ならべて物《もの》をくふ時《うとき》

◎作者《さくしゃ》＝橘曙覧《たちばなあけみ》

意味

わたしの楽しみは、妻《つま》や子どもたちとなかよく集《あつ》まり、みんなならんで何かを食べるときだよ。

解説

「独楽吟《どくらくぎん》」の五十二首《しゅ》のうちの一首《しゅ》。「独楽吟《どくらくぎん》」の歌は、いずれも「たのしみは」ではじまり、「時」または「とき」でおわります。

ことば

妻子《めこ》……妻《つま》と子ども。
むつまじく……なかよく。
うちつどひ《い》……集《あつ》まって。

たのしみは朝《あさ》おきいでて昨日《きのう》まで無《な》かりし花《はな》の咲《さ》ける見《み》る時《とき》

◎作者《さくしゃ》＝橘曙覧《たちばなあけみ》

意味

わたしの楽しみは、朝起《お》きて、庭《にわ》に目をやったとき、きのうまで咲《さ》いていなかった花が咲《さ》いているのを見るときだよ。

解説

この歌も「独楽吟《どくらくぎん》」のうちの一首《しゅ》。「独楽吟《どくらくぎん》」の歌には、作者《さくしゃ》の生活や家族《かぞく》のこと、学問《がくもん》への考えかたなどがよまれています。

ことば

おきいでて……起《お》きあがって。
無《な》かりし……なかった。ここでは「咲《さ》いていなかった」という意味《いみ》。

ねこの子《こ》のくびのすずがねかすかにも おとのみしたる夏草《なつくさ》のうち

◎作者《さくしゃ》＝大隈言道《おおくまことみち》

意味

子ねこの首につけた鈴《すず》の音だけがかすかに聞こえるよ。しげった夏草のなかから。

解説

子ねこのすがたは見えないけれど、夏草のしげみのなかから、首につけた鈴《すず》の音だけがかすかに聞こえるようすをうたっています。

ことば

すずがね……「鈴《すず》が音《ね》」とも「鈴鐘《すずかね》」とも読める。

おとのみしたる……音だけした。これでねこのすがたが見えないことがわかる。

霜《しも》やけの小《ちい》さき手《て》して蜜柑《みかん》むく わが子《こ》しのばゆ風《かぜ》の寒《さむ》さに

◎作者《さくしゃ》＝落合直文《おちあいなおぶみ》

意味

霜《しも》やけをしている小さい手でみかんをむくわが子が思いだされるよ。冬の風が寒《さむ》い日に。

解説

赤く霜《しも》やけをした手でみかんをむいているわが子を思いだして、こんなに風が寒《さむ》い冬にどうしているだろうか、という親の思いをよんだ歌です。

ことば

霜《しも》やけ……寒《さむ》さによって、手や足の指《ゆび》が赤紫《あかむらさき》にはれる症《しょう》状《じょう》。暖房《だんぼう》の発達《はったつ》していなかった昔《むかし》には、よく見られた。

しのばゆ……思いだされる。

おりたちて今朝《けさ》の寒《さむ》さを驚《おどろ》きぬ 露《つゆ》しとしとと柿《かき》の落《お》ち葉《ば》深《ふか》く

◎作者《さくしゃ》＝伊藤左千夫《いとうさちお》

意味

庭《にわ》におりて、今朝《けさ》の寒《さむ》さにあらためておどろいた。露《つゆ》にぬれた柿《かき》の落《お》ち葉《ば》が深《ふか》くつもっている。

解説

作者《さくしゃ》が亡《な》くなる前年に、寒《さむ》くなった晩《ばん》秋《しゅう》をよんだ作品《さくひん》です。朝の庭《にわ》には、しっとり露《つゆ》にぬれた柿《かき》の落《お》ち葉《ば》がかさなっています。外に出たときに感《かん》じた寒《さむ》さを表《ひょう》現《げん》しています。

ことば

驚《おどろ》きぬ……おどろいた。

くれなゐ《い》の二尺《にしゃく》伸《の》びたる薔薇《ばら》の芽《め》の針《はり》やは《わ》らかに春雨《はるさめ》のふる

◎作者《さくしゃ》＝正岡子規《まさおかしき》

意味

赤く六十センチほどにのびた薔薇《ばら》の新《しん》芽《め》に、やわらかく春の雨がふりそそいでいる。

解説

薔薇《ばら》の新芽《しんめ》の赤くやわらかい部分《ぶぶん》に、やさしく春雨《はるさめ》がふるようすをよんでいます。「の」をくりかえし使《つか》うことでリズム感《かん》が出ています。「針《はり》」は、芽《め》またはとげの比喩《ひゆ》でしょうか。

ことば

くれなゐ《い》……赤色。紅色《べにいろ》。
二尺《にしゃく》……約《やく》六十センチ。
薔薇《ばら》の芽《め》……枝《えだ》といえるほどの長さにのびているが、先端《せんたん》の新芽《しんめ》の部分《ぶぶん》は赤い。
やは《わ》らかに……「針《はり》」と「春雨《はるさめ》」にかかっている。

ゆく秋《あき》の大和《やまと》の国《くに》の薬師寺《やくしじ》の塔《とう》の上《うえ》なる一《ひと》ひらの雲《くも》

◎作者《さくしゃ》＝佐佐木信綱《ささきのぶつな》

意味

秋もおわりのころの大和国《やまとのくに》にある薬師《やくし》寺《じ》。その塔《とう》を見あげると、よく晴れた空に一片《ぺん》の雲がうかんでいる。

解説

六回も使《つか》った「の」が、この歌にリズム感《かん》をもたらしています。「一《ひと》ひら」は薄《うす》いものを表現《ひょうげん》するときに使《つか》う言葉《ことば》なので、夏のような入道雲《にゅうどうぐも》ではないことがわかります。

ことば

ゆく秋《あき》……暮《く》れていく秋。
大和《やまと》の国《くに》……今の奈良県《ならけん》。
薬師寺《やくしじ》の塔《とう》……薬師寺《やくしじ》は奈良《なら》市にある寺。
この塔《とう》は東塔《とうとう》のことだと考えられている。
一《ひと》ひらの雲《くも》……一片《ぺん》の雲。

まばらなる冬木林《ふゆきばやし》にかんかんと響《ひび》かんとする青空《あおぞら》のいろ

◎作者《さくしゃ》＝島木赤彦《しまきあかひこ》

意味

落葉《らくよう》の季節《きせつ》がおわり、樹木《じゅもく》がまばらに見える冬の林は、青空さえも、かんかんとひびきわたるようなすみきった風景《ふうけい》だ。

解説

葉《は》が落《お》ちて明るくなった冬の林はすみきっていて、空の青さもひびきわたっているようだとうたっています。「かんかん」という言葉《ことば》で、空気も風景《ふうけい》もすみきった感《かん》じを表現《ひょうげん》しています。

ことば

かんかん……かんかんという音をあらわす擬音語《ぎおんご》。しずかであることの「閑閑《かんかん》」と、いかにも寒《さむ》いようすの「寒々《さむざむ》」（かんかんと読める）もかけている。

かさなれるまろき沙丘《さきゅう》の間《あいだ》より
あやめの色《いろ》す海《うみ》の一《ひと》すぢ《じ》

◎作者《さくしゃ》＝与謝野鉄幹《よさのてっかん》（与謝野寛《よさのひろし》）

❖意味

砂丘《さきゅう》の山が幾重《いくえ》かに丸くかさなりあっている。そのあいだから、あやめのような青い色の海がひとすじ見える。

❖解説

与謝野鉄幹《よさのてっかん》が、妻《つま》・晶子《あきこ》とともに鳥取《とっとり》砂丘《さきゅう》をおとずれたときによんだ歌です。「あやめ」は、アヤメ科の植物《しょくぶつ》で青紫色《あおむらさきいろ》の花を咲《さ》かせます。灰色《はいいろ》の砂丘《さきゅう》と、あやめ色の海が印象的《いんしょうてき》な歌です。

❖ことば

まろき……丸い。

鳥取砂丘《とっとりさきゅう》のむこうには、日本海《にほんかい》が見える。

金色《こんじき》のちひ《い》さき鳥《とり》のかたちして
銀杏《いちょう》ちるなり夕日《ゆうひ》の岡《おか》に

◎作者《さくしゃ》＝与謝野晶子《よさのあきこ》

❖意味

まるで金色にかがやく小さな鳥のようなかたちをして、銀杏《いちょう》の葉《は》が散《ち》っている。夕日の照《て》らす岡《おか》の上に。

❖解説

季節《きせつ》は晩秋《ばんしゅう》。場所《ばしょ》は夕日の照《て》らす岡《おか》（丘《おか》）の上。「銀杏《いちょう》ちる」だけ見ると、晩《ばん》秋《しゅう》のさびしさをうたっているように思えますが、「金色《こんじき》のちひ《い》さき鳥《とり》のかたち」という表現《ひょうげん》からは、銀杏《いちょう》の葉《は》の持《も》つかがやきや生命《せいめい》の息吹《いぶき》が感《かん》じられます。

馬追虫《うまおい》の髭《ひげ》のそよろに来《く》る秋《あき》は
まなこを閉《と》ぢ《じ》て想《おも》ひ《い》見《み》るべし

◎作者《さくしゃ》＝長塚節《ながつかたかし》

❖意味

静《しず》かにひっそりと動《うご》く馬追《うまおい》の髭《ひげ》のようにやってくる秋の気配《けはい》は、じっと目をとじて感《かん》じるべきだろう。

❖解説

「初秋《しょしゅう》の歌」として発表《はっぴょう》された歌のうちのひとつ。静《しず》かな秋のおとずれを、馬《うま》追《おい》のひげがひっそり動《うご》くようだと表現《ひょうげん》しているのがおもしろいですね。

馬追《うまおい》

❖ことば

馬追虫《うまおい》……馬追《うまおい》。キリギリス科の昆虫《こんちゅう》。「スイッチョ」と鳴く。

そよろ……馬追《うまおい》のひげの動《うご》きを表現《ひょうげん》した擬態語《ぎたいご》。ひっそりと静《しず》かなさま。

まなこ……目のこと。

最上川《もがみがわ》の上空《じょうくう》にして残《のこ》れるは　いまだうつくしき虹《にじ》の断片《だんぺん》

◎作者《さくしゃ》＝斎藤茂吉《さいとうもきち》

意味

最上川《もがみがわ》のはるか上空に残《のこ》っているのは、まだ美《うつく》しい虹《にじ》の断片《だんぺん》だ。

解説

茂吉《もきち》は山形県《やまがたけん》の南東部《なんとうぶ》の出身《しゅっしん》なので、最上川流域《もがみがわりゅういき》はふるさとともいえる土地です。歌作《かさく》した当時、茂吉《もきち》の病《やまい》は快方《かいほう》にむかっていました。そのよろこびから命《いのち》を虹《にじ》になぞらえたのか、「断片《だんぺん》」に力強さが感《かん》じられます。

最上川《もがみがわ》

ことば

最上川《もがみがわ》……日本海《にほんかい》にそそぐ川。富士川《ふじかわ》、球磨川《くまがわ》とともに日本三大急流《きゅうりゅう》のひとつとされる。

向日葵《ひまわり》は金《きん》の油《あぶら》を身《み》にあびて　ゆらりと高《たか》し日《ひ》のちひささよ

◎作者《さくしゃ》＝前田夕暮《まえだゆうぐれ》

意味

向日葵《ひまわり》が、金色の油《あぶら》をあびたようにゆったりと高く花を咲《さ》かせているのにくらべて、空にうかぶ太陽《たいよう》のなんと小さく見えることだろう。

解説

ゴッホの絵画《かいが》「ひまわり」に影響《えいきょう》をうけてよんだといわれる歌。真夏《まなつ》の空の太《たい》陽《よう》が小さく見えるほど、金色の油《あぶら》をあびたようにかがやいている向日葵《ひまわり》が高くゆったり咲《さ》いているとして、絵画的《かいがてき》に表現《ひょうげん》しています。

うすべにに葉《は》はいちはやく萌《も》えいでて　咲《さ》かむとすなり山桜花《やまざくらばな》

◎作者《さくしゃ》＝若山牧水《わかやまぼくすい》

意味

山桜《やまざくら》の葉《は》は薄紅色《うすべにいろ》に早くもひらこうとし、花は今にも咲《さ》きだそうとしているようだ。

解説

桜《さくら》のソメイヨシノは、葉《は》よりも花が先にひらきます。山に自生《じせい》する山桜《やまざくら》は、葉《は》と花がほぼおなじころにひらくことが多いようです。そこから「いちはやく……咲《さ》かむとす」として、葉《は》と花が先をあらそうようだと伝《つた》えたかったのでしょう。

ことば

いちはやく……ほかよりも早く。

草《くさ》わかば色鉛筆《いろえんぴつ》の赤《あか》き粉《こ》の
ちるがいとしく寝《ね》て削《けず》るなり

◎作者《さくしゃ》＝北原白秋《きたはらはくしゅう》

意味

草の若葉《わかば》の緑《みどり》の上に、けずっている色《いろ》鉛筆《えんぴつ》の赤い粉《こな》が散《ち》っている。そのようすに心ひかれ、腹《はら》ばいになってけずるのである。

解説

今の子どもには、あまり見られませんが、昔《むかし》はみんな、小刀《こがたな》やナイフで鉛筆《えんぴつ》をけずっていました。緑《みどり》の草の上に赤い粉《こな》がこぼれ散《ち》るようすがおもしろくて、若《わか》草《くさ》の上に寝《ね》そべって色鉛筆《いろえんぴつ》をけずったのです。

ことば

いとしく……心ひかれて。

晴《は》れし空仰《そらあお》げばいつも
口笛《くちぶえ》を吹《ふ》きたくなりて
吹《ふ》きてあそびき

◎作者《さくしゃ》＝石川啄木《いしかわたくぼく》

意味

晴れた空を見あげると、いつも口笛《くちぶえ》をふきたくなって、ふいて遊《あそ》んでいた。

解説

啄木《たくぼく》の歌集《かしゅう》『一握《いちあく》の砂《すな》』に掲載《けいさい》された歌。歌集《かしゅう》では、ひとつの歌が三行で掲載《けいさい》されていて、散文的《さんぶんてき》だと評《ひょう》されました。

ことば

仰《あお》げば……上をむけば。見あげれば。

たは《わ》むれに母《はは》をせおひ《い》て
そのあまり軽《かろ》きに泣《な》きて
三歩《さんぽ》あゆまず

◎作者《さくしゃ》＝石川啄木《いしかわたくぼく》

意味

軽《かる》い気持《きも》ちで母を背負《せお》ってみたら、その体があまりに軽《かる》いのにおどろき、思わず涙《なみだ》が出てきて、三歩も歩けなかった。

解説

この歌が発表《はっぴょう》されたころ、啄木《たくぼく》は東京に住《す》み、母は函館《はこだて》に住《す》んでいました。そのため、この歌は実体験《じったいけん》にもとづいたものではなく、母をしたう気持《きも》ちからうまれたのではないかと考えられています。

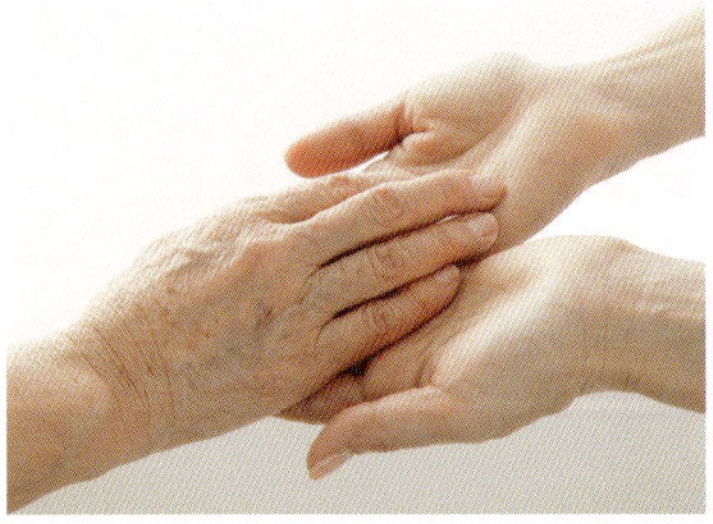

ことば

たは《わ》むれ……ふざけること。軽《かる》い気持《きも》ちですること。

妹《いもうと》の小《ちい》さき歩《あゆ》みいそがせて千代紙《ちよがみ》かひに行《ゆ》く月夜《つきよ》かな

◎作者《さくしゃ》＝木下利玄《きのしたりげん》

意味

歩みの小さい妹をいそがせて、千代紙《ちよがみ》を買いにいく月夜だなあ。

解説

月の明るい夜、年のはなれた妹にせがまれて買《か》い物《もの》に出かけたのでしょうか。思いのほか歩みのおそい妹をいそがせながらも、いっしょに歩く兄の目線で表現《ひょうげん》されています。

ことば

千代紙《ちよがみ》……柄《がら》や色が印刷《いんさつ》された正方形の和紙《わし》。折《お》り紙遊《がみあそ》びや工作などで使《つか》う。

大阿蘇《おおあそ》の山《やま》の煙《けむり》はおもしろし空《そら》にのぼりて夏雲《なつぐも》となる

◎作者《さくしゃ》＝吉井勇《よしいいさむ》

意味

阿蘇山《あそさん》からあがる噴煙《ふんえん》には心ひかれる。空高くのぼり、夏雲となっている。

解説

夏の阿蘇山《あそさん》をうたった作品《さくひん》です。阿蘇《あそ》五岳《ごがく》のうちの中岳《なかだけ》は、今も噴煙《ふんえん》をあげつづけています。

ことば

大阿蘇《おおあそ》……熊本県《くまもとけん》の北東部《ほくとうぶ》にある火山。外輪山《がいりんざん》と阿蘇五岳《あそごがく》がつらなる阿蘇山《あそさん》のこと。世界最大級《せかいさいだいきゅう》のカルデラで知られる。

おもしろし……心ひかれる。興味深《きょうみぶか》い。

噴煙《ふんえん》をあげる阿蘇山《あそさん》。

くだもののメロンを切《き》りぬ冬《ふゆ》の日《ひ》のくだものなれど内暗《うちくら》からず

◎作者《さくしゃ》＝前川佐美雄《まえかわさみお》

意味

くだもののメロンを切ったよ。（寒《さむ》く暗《くら》い）冬の日のくだものだけれど、内側《うちがわ》は暗《くら》くないよ。

解説

切ったメロンの果肉《かにく》の色は、冬の季節《きせつ》からイメージされるような陰気《いんき》さや暗《くら》さがなく、思っていたより明るかったという歌です。

ことば

メロン……ウリ科の植物《しょくぶつ》。市販《しはん》されている品種《ひんしゅ》としてはマスクメロンやプリンスメロン、アンデスメロンなどがある。

樹氷《じゅひょう》きららのなだれのはての海《うみ》のはての空《そら》のはたてのきららのきらら

◎作者《さくしゃ》＝加藤克巳《かとうかつみ》

意味

樹氷《じゅひょう》がきらきらとかがやく。斜面《しゃめん》のずっとむこうに、海のずっとむこうに、空のずっとむこうにまでのびていき、きらきら、きらきらとかがやいている。

解説

海にむかって空にむかって、日の光にキラキラときらめく樹氷《じゅひょう》のようすをよんだ歌。「の」を八回、「はての（はたての）」を三回、「きらら」を三回も使《つか》い、独特《どくとく》のリズム感《かん》をうんでいます。

ことば

樹氷《じゅひょう》……霧《きり》などがひやされてできた水滴《すいてき》が、樹木《じゅもく》にふきつけられて凍《こお》ったもの。
なだれ……斜面《しゃめん》。かたむき。
はて・はたて……遠いかなたのこと。

いそいそとネットを張《は》りて友《とも》を待《ま》つ豊《ゆた》かに寂《さび》し秋《あき》のコートは

◎作者《さくしゃ》＝岩田正《いわたただし》

意味

いそいでネットを張《は》って友だちを待《ま》っている。心は豊《ゆた》かだが、周囲《しゅうい》はさびしげだなあ、秋の日のテニスコートは。

解説

秋の日、テニスコートでネットを張《は》って友だちを待《ま》っているときの気《き》持《も》ちをよんでいます。「豊《ゆた》か」と「寂《さび》し」は相反《あいはん》する気《き》持《も》ちをあらわしています。

ことば

いそいそ……うれしくて、動作《どうさ》にはずみがついているようす。

てのひらのくぼみにかこふ《う》草蛍《くさぼたる》移《うつ》さむ《ん》としてひかりをこぼす

◎作者《さくしゃ》＝高嶋健一《たかしまけんいち》

意味

てのひらをくぼませてつつんだ蛍《ほたる》をうつそうとしたら、指のあいだから光がもれた。

解説

両手《りょうて》のひらをくぼませ、そこに蛍《ほたる》をだいじそうに入れたのでしょう。蛍《ほたる》を別《べつ》のところにうつそうとしたときに、蛍《ほたる》のはなつ光が指《ゆび》のあいだからわずかにもれたようすをよんでいます。

ことば

草蛍《くさぼたる》……蛍《ほたる》の幼虫《ようちゅう》を「草蛍《くさぼたる》」ということがあるが、ここでは成虫《せいちゅう》だろうか。「蛍草《ほたるぐさ》」は、植物《しょくぶつ》のツユクサのこと。

列車《れっしゃ》にて遠《とお》く見《み》ている向日葵《ひまわり》は 少年《しょうねん》のふる帽子《ぼうし》のごとし

◎作者《さくしゃ》＝寺山修司《てらやましゅうじ》

意味

列車《れっしゃ》の車窓《しゃそう》から遠くに見える向日葵《ひまわり》の花は、まるで少年がふっている帽子《ぼうし》のように感《かん》じられた。

解説

走る列車《れっしゃ》の窓《まど》から、遠くに向日葵《ひまわり》の大《たい》輪《りん》の花が見えてきました。その光景《こうけい》が、まるで少年が帽子《ぼうし》をふって、自分を見送《みおく》ってくれているかのように見えたのでしょう。

ことば

向日葵《ひまわり》……キク科の一年草。茎《くき》の頂上《ちょうじょう》に、黄色で大きな花をつける。

ごとし……ようだ。

雪《ゆき》の夜《よ》の鍋《なべ》のとんとんとんがらし ハラヒリホレと舌《した》を見《み》せ合《あ》ふ

◎作者《さくしゃ》＝小島《こじま》ゆかり

意味

雪のふる寒《さむ》い夜、お鍋《なべ》にたくさん唐辛《とうがら》子《し》をふって食べる。熱《あつ》くて辛《から》くてハラヒリホレと、みんなで舌《した》を見せあうよ。

解説

寒《さむ》い夜に、熱《あつ》くて辛《から》いお鍋《なべ》を食べる歌。口をハフハフさせながら、赤くそまった舌《した》を見せあう、そんな楽しいようすを、「とんとんとんがらし」「ハラヒリホレ」とリズムもおもしろく表現《ひょうげん》しています。

ことば

とんがらし……唐辛子《とうがらし》。

ふりむけば鹿《しか》がぺろんとなめてゐ《い》た きみの鞄《かばん》がきらきら光《ひか》る

◎作者《さくしゃ》＝荻原裕幸《おぎはらひろゆき》

意味

うしろをふりむくと、きみの鞄《かばん》を鹿《しか》がぺろんとなめていた。それがキラキラ光っているよ。

解説

恋人《こいびと》といっしょに奈良《なら》へ旅《たび》をしたときの歌。奈良《なら》公園でのできごとなのでしょう。置《お》いてあった恋人《こいびと》の鞄《かばん》を鹿《しか》がなめていた瞬間《しゅんかん》をよんでいます。

ことば

ぺろん……舌《した》でなめるようすをあらわした擬態語《ぎたいご》。

「寒《さむ》いね」と話《はな》しかければ「寒《さむ》いね」と答《こた》える人《ひと》のいるあたたかさ

◎作者《さくしゃ》＝俵万智《たわらまち》

意味

わたしが「寒《さむ》いね」と話しかけたとき、「寒《さむ》いね」と答えてくれる人がいると、しみじみとあたたかさを感《かん》じるものだ。

解説

歌集《かしゅう》『サラダ記念日《きねんび》』に掲載《けいさい》された一首《しゅ》。従来《じゅうらい》のほとんどの短歌《たんか》は、作者《さくしゃ》だけが登場《とうじょう》する詩《し》という側面《そくめん》がありましたが、そこに自分以外《いがい》の人物《じんぶつ》をさりげなく登場《とうじょう》させたのが画期的《かっきてき》です。

四万十《しまんと》に光《ひかり》の粒《つぶ》をまきながら川面《かわも》をなでる風《かぜ》の手《て》のひら

◎作者《さくしゃ》＝俵万智《たわらまち》

意味

四万十川《しまんとがわ》に日の光をきらめかせて、光の粒《つぶ》をまきながら、水面《すいめん》をなでるようにやさしい風がふいている。

解説

作者《さくしゃ》が四万十川《しまんとがわ》をおとずれた際《さい》によんだ歌。「手のひら」を風の動《うご》きとして擬人化《ぎじんか》しています。

ことば

四万十《しまんと》……高知県《こうちけん》を流《なが》れる四万十川《しまんとがわ》のこと。柿田川《かきたがわ》、長良川《ながらがわ》とともに日本三大清流《せいりゅう》といわれる。

川面《かわも》……川の水面《すいめん》。

清流《せいりゅう》で知られる四万十川《しまんとがわ》。

てのひらにてのひらをおくほつほつと小《ちい》さなほのおともれば眠《ねむ》る

◎作者《さくしゃ》＝東直子《ひがしなおこ》

意味

わが子のてのひらに自分のてのひらをかさねてみる。小さなほのおをともしたように子どもの手が熱《あつ》くなってきたら、もう眠《ねむ》っている。

解説

子どもは眠《ねむ》くなると、よく手足がほてったりするものです。この歌は、わが子を寝《ね》かしつける母親の目線でよんだものです。「てのひらにてのひらを」や「ほつほつと」と、おなじ音をくりかえし使《つか》って、歌のリズムを出しています。

ことば

ほつほつと……少しずつ。ゆっくりと。

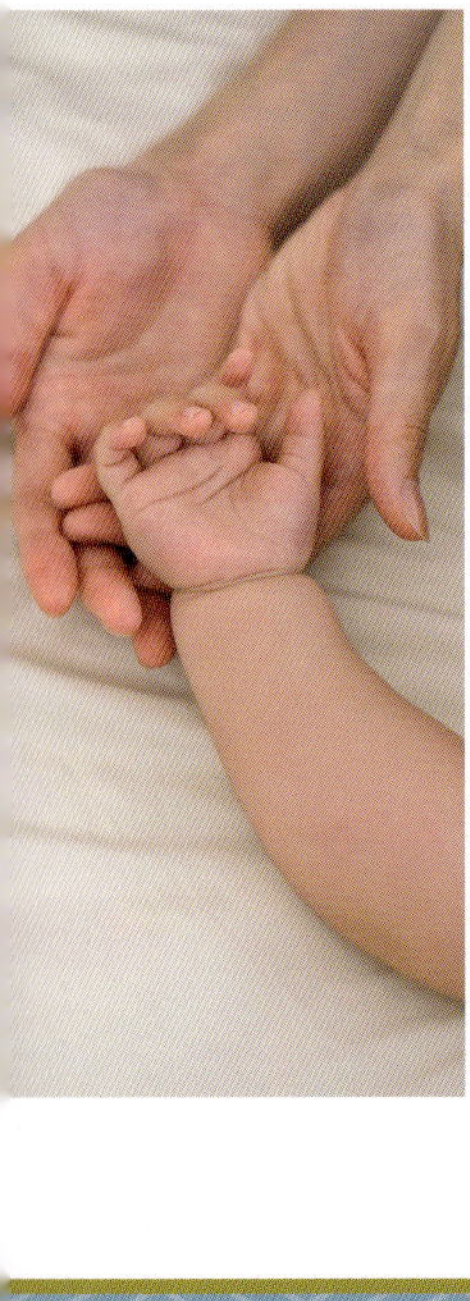

いろはにほへと
ちりぬるを
わかよたれそ
つねならむ《ん》
うゐ《い》のおくやま
けふ《きょう》こえて
あさきゆめみし
ゑ《え》ひ《い》もせす

漢字仮名

意味

色《いろ》はにほ《お》へ《え》ど
(花の) 色は美《うつく》しくかがやいていても、

散《ち》りぬるを
(花は) 散《ち》ってしまうのに、

我《わ》が世《よ》たれぞ
わたしも、この世《よ》のだれもが

常《つね》ならむ《ん》
永久《えいきゅう》にかわらないことがあるだろうか。

有為《うい》の奥山《おくやま》
さまざまなことがある (人生の) 奥深《おくぶか》い山を

今日《きょう》越《こ》えて
きょうもこえて (いくが)、

浅《あさ》き夢《ゆめ》見《み》じ
浅《あさ》い夢《ゆめ》を見ることはないし、

酔《え》ひ《い》もせず
心をまどわされることもない。

解説

「いろは歌《うた》」には、四十七の仮名《かな》が一回ずつ使《つか》われています。そのため、ひらがなを学ぶ手本として、昔《むかし》から広くもちいられてきました。
　これは短歌《たんか》でも俳句《はいく》でもありませんが、七音《おん》・五音《おん》をくりかえす七五調《しちごちょう》のリズムは、短歌《たんか》や俳句《はいく》につうじるものがあります。

上《かみ》の句《く》さくいん（現代仮名《げんだいかな》づかい・五十音順《ごじゅうおんじゅん》）

●あ行

秋風《あきかぜ》にたなびく雲《くも》の絶《た》え間《ま》より……24
秋来《あきき》ぬと目《め》にはさやかに見《み》えねども……10
朝《あさ》ぼらけ有明《ありあけ》の月《つき》と見《み》るまでに……13
朝《あさ》ぼらけ宇治《うじ》の川霧《かわぎり》たえだえに……22
あしびきの山鳥《やまどり》の尾《お》のしだり尾《お》の……16
天《あま》の原《はら》振《ふ》りさけ見《み》れば春日《かすが》なる……9
嵐《あらし》吹《ふ》く三室《みむろ》の山《やま》のもみぢ《じ》葉《ば》は……18
いそいそとネットを張《は》りて友《とも》を待《ま》つ……34
妹《いもうと》の小《ちい》さき歩《あゆ》みいそがせて……33
石走《いわばし》る垂水《たるみ》の上《うえ》のさわらびの……6
うすべにに葉《は》はいちはやく萌《も》えいでて……31
馬追虫《うまおい》の髭《ひげ》のそよろに来《く》る秋《あき》は……30
うらうらに照《て》れる春日《はるひ》にひばり上《あ》がり……8
淡海《おうみ》の海夕波千鳥《うみゆうなみちどり》汝《な》が鳴《な》けば……8
大阿蘇《おおあそ》の山《やま》の煙《けむり》はおもしろし……33
大江山《おおえやま》いく野《の》の道《みち》の遠《とお》ければ……20
奥山《おくやま》に紅葉《もみじ》踏《ふ》み分《わ》け鳴《な》く鹿《しか》の……11
小倉山峰《おぐらやまみね》たちならし鳴《な》く鹿《しか》の……12
小倉山峰《おぐらやまみね》のもみぢ《じ》葉《ば》心《こころ》あらば……17
音《おと》もせで思《おも》ひ《い》にもゆるほたるこそ……19
おりたちて今朝《けさ》の寒《さむ》さを驚《おどろ》きぬ……28

●か行

かさなれるまろき沙丘《さきゅう》の間《あいだ》より……30
風《かぜ》そよぐならの小川《おがわ》の夕暮《ゆうぐ》れは……25
君《きみ》がため春《はる》の野《の》に出《い》でて若菜《わかな》摘《つ》む……10
草《くさ》わかば色鉛筆《いろえんぴつ》の赤《あか》き粉《こ》の……32
くだもののメロンを切《き》りぬ冬《ふゆ》の日《ひ》の……33
くれなゐ《い》の二尺《にしゃく》伸《の》びたる薔薇《ばら》の芽《め》の……29
この里《さと》に手《て》まりつきつつ子《こ》どもらと……26
このたびは幣《ぬさ》も取《と》りあへ《え》ず手向山《たむけやま》……14
木《こ》の間《ま》よりもりくる月《つき》のかげみれば……14
金色《こんじき》のちひ《い》さき鳥《とり》のかたちして……30

●さ行

さびしさに宿《やど》をたち出《い》でてながむれば……19
「寒《さむ》いね」と話《はな》しかければ「寒《さむ》いね」と……36
しのぶれど色《いろ》に出《い》でにけりわが恋《こい》は……17
四万十《しまんと》に光《ひかり》の粒《つぶ》をまきながら……36
霜《しも》やけの小《ちい》さき手《て》して蜜柑《みかん》むく……28
樹氷《じゅひょう》きららのなだれのはての海《うみ》のはての……34
白露《しらつゆ》に風《かぜ》の吹《ふ》きしく秋《あき》の野《の》は……15

●た行

高砂《たかさご》の尾上《おのえ》の桜《さくら》咲《さ》きにけり……19
田子《たご》の浦《うら》にうち出《い》でて見《み》れば白妙《しろたえ》の……23
田子《たご》の浦《うら》ゆうち出《い》でて見《み》れば真白《ましろ》にそ……7
立山《たちやま》に降《ふ》り置《お》ける雪《ゆき》を常夏《とこなつ》に……8
たのしみは朝《あさ》おきいでて昨日《きのう》まで……27
たのしみは妻子《めこ》むつまじくうちつどひ《い》……27
たは《わ》むれに母《はは》をせおひ《い》てそのあまり……32
月見《つきみ》れば千々《ちぢ》に物《もの》こそ悲《かな》しけれ……14
筑波嶺《つくばね》の峰《みね》より落《お》つるみなの川《がわ》……15
てのひらにてのひらをおくほつほつと……36
てのひらのくぼみにかこふ《う》草蛍《くさぼたる》……34

●な行

ねこの子《こ》のくびのすずがねかすかにも……28

●は行

春過《はるす》ぎて夏来《なつき》にけらし白妙《しろたえ》の……23
晴《は》れし空仰《そらあお》げばいつも口笛《くちぶえ》を……32
久方《ひさかた》の光《ひかり》のどけき春《はる》の日《ひ》に……11
人《ひと》はいさ心《こころ》も知《し》らず古里《ふるさと》は……12
日《ひ》のかげは青海原《あおうなばら》を照《て》らしつつ……27
向日葵《ひまわり》は金《きん》の油《あぶら》を身《み》にあびて……31
東《ひんがし》の野《の》にかぎろひ《い》の立《た》つ見《み》えて……7
ふりむけば鹿《しか》がぺろんとなめてゐ《い》た……35
ほととぎす鳴《な》きつる方《かた》をながむれば……22

●ま行

まばらなる冬木林《ふゆきばやし》にかんかんと……29
見《み》わたせば花《はな》ももみぢ《じ》もなかりけり……24
見渡《みわた》せば柳桜《やなぎさくら》をこきまぜて……12
むしのねものこりすくなになりにけり……26
村雨《むらさめ》の露《つゆ》もまだひぬまきの葉《は》に……24
最上川《もがみがわ》の上空《じょうくう》にして残《のこ》れるは……31

●や行

山川《やまがわ》に風《かぜ》のかけたるしがらみは……13
山里《やまざと》は冬《ふゆ》ぞ寂《さび》しさまさりける……13
夕《ゆう》されば門田《かどた》の稲葉《いなば》おとづ《ず》れて……20
雪《ゆき》の夜《よ》の鍋《なべ》のとんとんとんがらし……35
ゆく秋《あき》の大和《やまと》の国《くに》の薬師寺《やくしじ》の……29

●ら行

列車《れっしゃ》にて遠《とお》く見《み》ている向日葵《ひまわり》は……35

●わ行

わたの原《はら》漕《こ》ぎ出《い》でて見《み》ればひさかたの……21

作者《さくしゃ》さくいん（五十音順《ごじゅうおんじゅん》）

●あ～か行

安倍仲磨《あべのなかまろ》（安倍仲麻呂《あべのなかまろ》）……9
石川啄木《いしかわたくぼく》……32
伊藤左千夫《いとうさちお》……28
岩田正《いわたただし》……34
大江千里《おおえのちさと》……14
大江匡房《おおえのまさふさ》（権中納言匡房《ごんちゅうなごんまさふさ》／前中納言匡房《さきのちゅうなごんまさふさ》）……19
大隈言道《おおくまことみち》……28
大伴家持《おおとものやかもち》……8
荻原裕幸《おぎはらひろゆき》……35
落合直文《おちあいなおぶみ》……28
柿本人麿《かきのもとのひとまろ》（柿本人麻呂《かきのもとのひとまろ》）……7・8・16
加藤克巳《かとうかつみ》……34
北原白秋《きたはらはくしゅう》……32
木下利玄《きのしたりげん》……33
紀貫之《きのつらゆき》……12
紀友則《きのとものり》……11
光孝天皇《こうこうてんのう》……10
小式部内侍《こしきぶのないし》……20
小島《こじま》ゆかり……35

●さ～た行

斎藤茂吉《さいとうもきち》……31
坂上是則《さかのうえのこれのり》……13
佐佐木信綱《ささきのぶつな》……29
猿丸大夫《さるまるだゆう》……11
志貴皇子《しきのみこ》……6
十返舎一九《じっぺんしゃいっく》……27
持統天皇《じとうてんのう》……23
島木赤彦《しまきあかひこ》……29
寂蓮法師《じゃくれんほうし》（寂蓮《じゃくれん》）……24
菅原道真《すがわらのみちざね》……14
素性法師《そせいほうし》（素性《そせい》）……12
平兼盛《たいらのかねもり》……17
高嶋健一《たかしまけんいち》……34
橘曙覧《たちばなあけみ》……27
俵万智《たわらまち》……36
寺山修司《てらやましゅうじ》……35

●な～は行

長塚節《ながつかたかし》……30
能因法師《のういんほうし》（能因《のういん》）……18
春道列樹《はるみちのつらき》……13
東直子《ひがしなおこ》……36
藤原顕輔《ふじわらのあきすけ》（左京大夫顕輔《さきょうのだいぶあきすけ》）……24
藤原家隆《ふじわらのいえたか》（従二位家隆《じゅにいいえたか》）……25
藤原定家《ふじわらのさだいえ》……24
藤原定頼《ふじわらのさだより》（権中納言定頼《ごんちゅうなごんさだより》）……22
藤原実定《ふじわらのさねさだ》（後徳大寺左大臣《ごとくだいじのさだいじん》）……22
藤原忠平《ふじわらのただひら》（貞信公《ていしんこう》）……17
藤原忠通《ふじわらのただみち》（法性寺入道前関白太政大臣《ほっしょうじにゅうどうさきのかんぱくだいじょうだいじん》）……21
藤原敏行《ふじわらのとしゆき》……10
文屋朝康《ふんやのあさやす》……15

●ま～わ行

前川佐美雄《まえかわさみお》……33
前田夕暮《まえだゆうぐれ》……31
正岡子規《まさおかしき》……29
源 重之《みなもとのしげゆき》……19
源 経信《みなもとのつねのぶ》（大納言経信《だいなごんつねのぶ》）……20
源 宗于《みなもとのむねゆき》（源 宗于朝臣《みなもとのむねゆきあそん》）……13
山部赤人《やまべのあかひと》（山辺赤人《やまべのあかひと》）……7・23
陽成院《ようぜいいん》（陽成天皇《ようぜいてんのう》）……15
与謝野晶子《よさのあきこ》……30
与謝野鉄幹《よさのてっかん》（与謝野寛《よさのひろし》）……30
吉井勇《よしいいさむ》……33
良寛《りょうかん》……26
良暹法師《りょうぜんほうし》（良暹《りょうぜん》）……19
若山牧水《わかやまぼくすい》……31

❖和歌集《わかしゅう》とは――

和歌《わか》を集《あつ》めたものを「和《わ》歌集《かしゅう》」といいます。この本では、左の和歌集《わかしゅう》から、短《たん》歌《か》をたくさん紹介《しょうかい》していきます。いずれの和歌集《わかしゅう》も、今から八百年～千三百年くらい前につくられたものです。

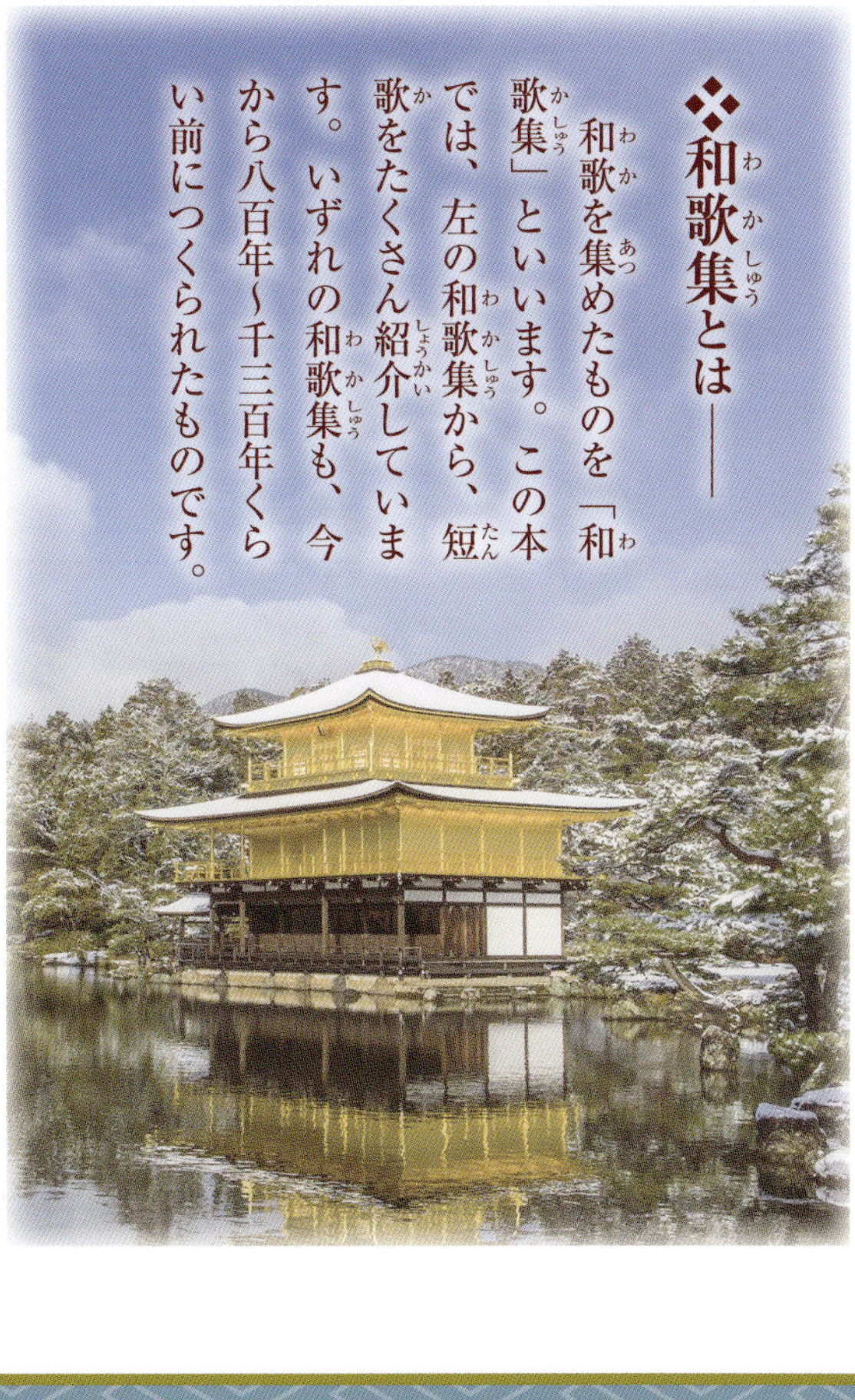

和歌集《わかしゅう》	略称《りゃくしょう》	成立年《せいりつねん》	撰者《せんじゃ》
万葉集《まんようしゅう》	―	八世紀《せいき》後半	大伴家持《おおとものやかもち》ほか
古今和歌集《こきんわかしゅう》	古今集《こきんしゅう》	九〇五年	紀貫之《きのつらゆき》・紀友則《きのとものり》ほか
後撰和歌集《ごせんわかしゅう》	後撰集《ごせんしゅう》	九五一年	清原元輔《きよはらのもとすけ》・紀時文《きのときぶみ》ほか
拾遺和歌集《しゅういわかしゅう》	拾遺集《しゅういしゅう》	一〇〇五年（推定《すいてい》）	花山院《かざんいん》（推定《すいてい》）
後拾遺和歌集《ごしゅういわかしゅう》	後拾遺集《ごしゅういしゅう》	一〇八六年	藤原通俊《ふじわらのみちとし》
金葉和歌集《きんようわかしゅう》	金葉集《きんようしゅう》	一一二六年（推定《すいてい》）	源 俊頼《みなもとのとしより》
詞花和歌集《しかわかしゅう》	詞花集《しかしゅう》	一一五一年	藤原顕輔《ふじわらのあきすけ》
千載和歌集《せんざいわかしゅう》	千載集《せんざいしゅう》	一一八八年	藤原俊成《ふじわらのとしなり》
新古今和歌集《しんこきんわかしゅう》	新古今集《しんこきんしゅう》	一二〇五年	源 通具《みなもとのみちとも》・藤原有家《ふじわらのありいえ》・藤原定家《ふじわらのさだいえ》ほか
新勅撰和歌集《しんちょくせんわかしゅう》	新勅撰集《しんちょくせんしゅう》	一二三五年	藤原定家《ふじわらのさだいえ》

監修　小島ゆかり（こじま ゆかり）

歌人。愛知県生まれ。早稲田大学文学部卒業。コスモス短歌会選者。現代歌人協会理事、産経新聞ほか新聞歌壇選者、毎日新聞書評委員、短歌甲子園特別審査委員などをつとめる。NHKテレビ・ラジオの短歌番組でも活躍。若山牧水賞、迢空賞、斎藤茂吉短歌文学賞などを受賞。2017年に紫綬褒章受章。歌集に『希望』（雁書館）、『憂春』（角川学芸出版）、『泥と青葉』（青磁社）、『馬上』（現代短歌社）などがある。歌書に『和歌で楽しむ源氏物語』（角川学芸出版）、『ちびまる子ちゃんの短歌教室』（集英社）などがある。

編集・DTP　ワン・ステップ
デザイン　グラフィオ

声に出して楽しもう 俳句・短歌
短歌に親しもう

2017年3月 初版発行　2020年2月 第3刷発行

監　修　小島ゆかり
発行所　株式会社 金の星社
〒111-0056 東京都台東区小島 1-4-3
電話　03-3861-1861（代表）
FAX　03-3861-1507
振替　00100-0-64678
ホームページ　http://www.kinnohoshi.co.jp

印　刷　広研印刷 株式会社
製　本　東京美術紙工

NDC911 40p. 29.5cm ISBN978-4-323-05602-9